novum ⬤ pro

AF155590

KIM **IMPALA**

Yonder-Diskurs

novum ◢ pro

Dieses Buch ist auch als
e-book
erhältlich.

Bibliografische Information
der Deutschen Nationalbibliothek:

Die Deutsche Nationalbibliothek
verzeichnet diese Publikation in
der Deutschen Nationalbibliografie.
Detaillierte bibliografische Daten
sind im Internet über
http://www.d-nb.de abrufbar.

Gedruckt in der Europäischen Union
auf umweltfreundlichem, chlor- und
säurefrei gebleichtem Papier.

Text beruht auf Zufälligkeiten.
Sollte sich jemand wiedererkennen,
ist das keinesfalls Absicht. Autor*in
und Verlag können nicht haftbar
gemacht werden.

ISBN 978-3-7116-0037-0
Lektorat: Anna Skalsky
Umschlagfoto:
Alphaspirit I Dreamstime.com
Umschlaggestaltung, Layout & Satz:
novum Verlag

www.novumverlag.com

Druckprodukt mit finanziellem
Klimabeitrag
ClimatePartner.com/16547-2311-1001

INHALTSVERZEICHNIS

FEBRUAR

ICH

Der Blick nach vorn. Diffuse Bilder wollen sich auftun, doch niemals sind sie wahr. Wäre ich imstande gewesen, den heroisch explosiven Weg zu begreifen, den ich beschreiten sollte, wer weiß, ob ich ihn gegangen wäre.

Er führte mich durch menschliches Dickicht, über erklommene Gipfel, in Krater der Macht. Meine Reise war voll des Eroberns, des Lernens, des Wachstums, bis eine Persönlichkeit aus mir heraus gereift war, die zu werden mich selbst überraschte.

Eine Dekade lang nahm ich aus dem Konzerngetriebe die Fundamente von zielorientierter Arbeit mit, worauf im nächsten Jahrzehnt ein Palast in anderem Umfeld entstand, selbstbewusst und kühn entsprang er meiner Kraft. Der Mensch im Mittelpunkt scharfer Beobachtung lehrte mich achtsamen Umgang und Konzentration, begleitete mein kompetentes Schaffen von Strukturen und verhalf mir zum persönlichen Triumph.

Beim Blick nach vorn war mir nichts davon klar.

Erst galt es, die Arbeit im Konzern anzupacken, den Sisyphus-Feldzug gegen eine unbesiegbare Maschinerie anzutreten, Niederlagen wegzustecken, mich im System zu behaupten, zu wachsen, abzuhärten, der Unterwerfung zu trotzen.

Lange hielt ich mich auf Nebenschauplätzen auf, in zugigen Schleusengängen, in Rudelhöhlen voller Gebrüll und in bunten Manegen.

Es sollte eine geraume Weile dauern, bis all das einen größeren Sinn ergab und die Erkenntnis zeugte, dass jegliches Erleben Teil meines Reifens war. Herauswachsen aus klammer Suche, aus verlorener Gleitsicht, aus der herben

Lebensgischt, herausfinden aus dem Labyrinth von Schattenwelten war mein Wille, zerrte an mir. Um dorthin zu gelangen, wo ein nicht gezähmter Schauder der unbändigen Freude wich.

Einer Freude am Dasein, am Erringen, an der Klärung verschlüsselter Codes.

SIE

Projekte leiten heißt unzählige Entscheidungen treffen. Aus dem Bauch heraus, aus dem Ratio. Als Grundlage genügt ein gesundes Gespür für den Sachverhalt, für Menschen, für Prioritäten. Einsatzbereitschaft braucht es, enorm viel davon, kein Projekt gelingt ohne Hang zur starken alles niederrollenderreichenwollendkonsequenthartnäckigen Durchsetzungskraft!

Projekte leiten heißt, sich auszuliefern, oh ja, sich hinzugeben, sich einzulassen. Handlungen setzen, die richtige Reihenfolge abschätzen, das Team umsorgen und höchste Transparenz ermöglichen. In keiner Schule erlernbar, in keinem Intensiv-Programm, wenn die Gabe zum Alle-Schritte-Überschauen bis hin zum Fernen-Ziel-Abstrahieren und zum Daraus-die-richtigen Schlüsse Ziehen fehlt. Jedes Projekt bringt Anreiz, bringt Erfolgserlebnis, bringt Hader, bringt Konflikt, bringt ein Sich-Überschlagen von Ereignissen, in jedem Projekt liegt die Hölle, aber auch umwerfender Erfolg. Geh ran und mach es, denke fünfmal nach und gehe auf Menschen zu, forme das Team und rede mit ihnen, packt gemeinsam an, Schritt für Schritt, und arbeitet euch durch, wie Maulwürfe durch den Humus im Feld. Grabt Tunnel, lernt fliegen, beseelt eure Brust mit der Herrlichkeit des nächsten angestrebten Meilensteins – und erreicht ihn, diesen Stein, denn er wird euch schwer im Magen liegen, bis er richtig gelagert ist, um ein Fundament zu schaffen für den darauffolgenden Wurf. Das Ziel ist fern und glüht und pocht, verschwindet manchmal und taucht woanders wieder auf, wie eine Fata Morgana im Büro-Dschungelbuch. Ein Projekt formt und nimmt und gibt und vor allem fordert es heraus, mit Zähnen und Händen und Geistesblitzen schließlich kühn aufgerichtet zu sein. In mannigfacher Ambivalenz reizt es, angepackt zu werden, um sich zu spiegeln als Himmelslohn, als Seelenheil, als Goldregen zu guter Letzt. Wer ein Projekt gemeistert hat, weiß, wie sich das Erringen anfühlt, das Ringen und sich Durchringen und die Qual nebst dem Erfolg.

Projekte leiten heißt wissen müssen, was getan werden muss, heißt, sie alle zusammenzurotten, die einen Beitrag leisten, sie dabei zu haben und wach zu halten. Sorgfalt und Sorgenfalten und manchmal ein freies Gelächter, wurmstichiges Vorgehen und ein Korrektur-Marathon, ein Hürdenrennen im Spießrutenlauf, nein, ein Staffellauf mit zu schweren Terminen, das Zusammenbrechen-wollen und schockiertes Atmen, ein Sich-wieder-Aufrichten und Um-sich-Schauen mit klarem Blick, heftiges Sich-Zusammenreißen, wollender Wille und bärenstarkes Dirigieren, bis der mächtige Akkord doch noch schallend erklingt.

Projekte leiten heißt leben wollen, heißt auch, aufgeben wollen, sein Leben zwischendurch, heißt, überleben zum Schluss, wenn das Projekt endlich, endlich, endlich erfolgreich abgeschlossen werden kann. Doch wehe, die Winde drehen sich und oft genug fangt ihr wieder von vorne an. Projekte leiten heißt, kaum einen geraden Pfad zu gehen.

Seid Meister im Sich-in-Kurven-legen-Können und wahrt euren Mut.

Dann wird ein Projekt vielleicht doch gelingen – zuletzt.

ER

Du sitzt vor ihm und lässt seinen Monolog über dich ergehen, als er dir den High-Potential-Status entzieht. Du zuckst nicht mit der Wimper und schon gar nicht zusammen, du sagst nichts dazu. Wie wohl ihn dein Schweigen irritiert, fährt er fort, seine Enttäuschung auszudrücken: Über dein Unvermögen, dein vermeintliches Versagen, auch wenn er es nicht in dieser Form sagt. Da hast du im Herbst Bestmögliches aus deinem Team herausgeholt, da hast du sie gefördert und motiviert, dass sie trotz Engpässen allerorts und jederzeit, trotz eines riesigen Zuviels an Aufgaben eine großartige Leistung erbrachten – aber nicht Anerkennung wird ihnen oder dir zuteil, sondern Abwertung und dies harte Urteil: „Es war nicht genug." Und du weißt auch warum: Deine sperrige Haltung in diesen letzten Monaten, dein unermesslicher Kampf um Menschlichkeit und gegen jeden mentalen Peitschenhieb, dein starrköpfiges Aufbegehren und dein Widerstand, der den Groll deines Chefs zu Flammen angeheizt hat, dein himmelschreiender innerer Konflikt, vor dem Management bestehen zu wollen, versus deinem Team eine faire Führungskraft zu sein – dies alles hat dich hinuntergezerrt in einen persönlichen Abgrund, was dein Vorgesetzter nun verhöhnt und mit Degradierung ahndet, anstatt einmal, ein einziges Mal!, bei sich selbst die Gründe zu suchen.

Du sitzt aufrecht vor ihm und musst schweigend ertragen, wie er dir diesen informellen Rang des High-Potentials herrisch aberkennt. Doch in dir drinnen regt sich nichts – keine Enttäuschung, kein Zorn, keine Empörung, keine Traurigkeit – nichts. In dir ist eine große Leere. Ein innerer Mund bleibt dir offen stehen. Ein verständnisloses Kopfschütteln ob dieser Wende. Mag sein: Aus der Perspektive einer Karriere ist dieser Rückstoß wohl gar nicht ungerecht, denn in einem Konzern wie diesem kannst du nur als beförderungswürdig gelten, wenn du nach vorwärts blickst und solch sentimentale Gebärden, wie für ein Team einzutreten, überheblich abzuschütteln weißt. Das jedoch willst du auf gar keinen Fall und könntest es auch nicht. Deine Vision von Führung ist eine völlig andere als ihre, ist geprägt von wohlwollender, positiver Haltung, die du lebst, für die du dich einsetzt, die du für richtig hältst, mit der du authentisch und erfolgreich bist.

Doch wird es noch lange dauern, bis du begreifst, dass eine Karriere in diesem Unternehmen genau deswegen für dich schier unmöglich ist. Aufgrund deines hohen Anspruchs an menschlichen Werten kannst du von vornherein nicht akzeptieren, was einem Manager auf höherer Stufe abverlangt wird.

Als dir dein Chef da diesen vielversprechenden Status entzieht, deinen Namen also aus der Karriereleiterliste tilgt, weißt du noch nicht, dass du Monate später ohnehin deine Kündigung beschließen wirst, im Verborgenen selbstredend, schweigend und starr. Noch ahnst du nichts von deinem künftigen Weg. Jetzt aber bist du gelassen, ruhig, resigniert zwar, aber erstaunlich gefasst. Du sagst nichts. Gar nichts, sagst du. Nein, nichts. Unlängst noch hättest du aufbegehrt bei einer solch herablassenden Bewertung, trotz inhaltlicher Glanzleistung plötzlich nicht mehr geschätzt zu werden. Du hättest diskutiert, argumentiert und dich völlig verausgabt im Streit mit deinem Chef, nicht gewillt, diese Ungerechtigkeit zu akzeptieren. Jetzt bist du ganz ruhig, fühlst dich sogar überlegen und blickst von innen auf deinen Chef herab. Fühlst dich erhaben seines Urteils, denn: Was weiß *er* denn schon von dir? Vermag er doch nicht mal eure Erfolge zu sichten oder gar positiv anzuerkennen. Du machst dir nichts mehr aus seinem verzerrten Urteilsvermögen, es prallt heute völlig an dir ab. Was kümmert dich ein High-Potential, wenn er dein Licht ohnehin stets unter den Scheffel stellt? Du lässt ihn reden, zeigst dich gefügig und sagst dazu kein einziges Wort. Irritiert ist er da und vielleicht doch plötzlich im Zweifel. Doch natürlich gibt es kein Zurück.

WIR

Gebt mir die Chance zu begreifen: Wo liegt die Grenze, was immer noch geht?

Neues verlangt. Heißt den Fokus ändern? Heißt priorisieren, heißt alles neu.

Doch zusätzlich? Zusätzlich? Schon elf Stunden da, nicht nur ich, auch sie.

Schlüsselpersonen, denen immer Neues aufgebürdet wird. Die nichts abgeben können, an wen denn schon?

Gebt mir die Chance zu begreifen: Wo liegt die Grenze, was schließlich noch geht?

Erzeugt Druck. Zu viel Druck. Noch mehr Druck.

Aus Druck wird Überlastung, wird Beklemmung, wird Benommenheit, wird Mutlosigkeit, wird Aggression, wird Enttäuschung, wird Demotivation, wird Lethargie, wird innere Kündigung.

Gebt ihnen die Grenze, wo es aufhört!

MÄRZ

ICH

Es gab eine Zeit, wenige Monate nur, da war alles perfekt. So beschwingt fühlte ich mich da, so voll strotzender Kraft! Mein Team war verdoppelt, meine Verantwortung stark erweitert und das Vertrauen meines Chefs damit wohl erwirkt. Eine Handvoll Monate bewegte ich mich frohlockend durch die Räume, mit Karrieregeist inspiriert tänzelte ich beschwingt meiner Zukunft entgegen. Alles war vollkommen, tatsächlich: Ich hatte es geschafft, mein Ziel war erreicht.

Die Entbehrungen meiner jungen Jahre wurden entschädigt, lange Jahre verbissener Konzentration belohnt. Belohnt durch einen Job, der da rundum meinen Vorstellungen entsprach. Ein Chef, der mich arbeiten ließ und forderte, eine Schar von dreiunddreißig Mitarbeiter*innen, die mir Vertrauen schenkten und treu ihren Einsatz zeigten. Wie ein Fürst fühlte ich mich! Trotz harter Arbeit, denn diese versiegte nie. Unablässig rannte ich vorwärts, etablierte Prozesse und kümmerte, kümmerte, kümmerte mich, um alles, um jeden, zu jedem Preis. Mein Team leitete ich mit größter Hingabe an, mit höchster Demut, denn ich war durch und durch überzeugt: Sie waren mein Lohn! Für sie lohnte es sich, mich zu fordern, sie sind meine Berufung, mein Erfolg und mein Glück. Die Freude an der Führungsarbeit übertraf zu jener Zeit alles, auch, was in dieser Phase mein privates Leben mir bot.

So geschah es denn, dass ich zu Hochform erblühte, alle Zeit in die Leitung meiner Abteilung investierte, all meinen Elan. Um meine Überzeugung zu leben, die mich stark erfüllte, die mein Wirken in einen Höhenflug hob, einen Gewinn, eine wundersame Kettenreaktion an Teamgeist und Motivation. Mein Instinkt gebar eine rückratstärkende Erkenntnis und machte mich ungemein froh: Ich bin eine gute Führungskraft und habe damit endlich meinen Traum wahrgemacht.

SIE

„Etwas bewegen können" – welcher Kern liegt in diesem Drang? Da gibt es die einen, die gerne Routine-Arbeit verrichten, die gerne genau beauftragt werden wollen, was zu erledigen ist, was als konkretes Ergebnis vorliegen soll. Diese Menschen verspüren wenig Bedürfnis, etwas „zu bewegen". Sie fühlen sich zufrieden, ob eine Möglichkeit für eigenständiges Handeln nun geboten wird oder auch nicht.

Und dann gibt es die anderen, die sich engagieren wollen und gestalten. Kreative Menschen, die vernetzt denken, interessierte, die aufblühen, wenn es eines mutigen Schrittes bedarf. Jene sind es, die „etwas bewegen können", wenn sie es können, soll heißen, wenn das Umfeld sie lässt.

Das Engagement Zweiterer fruchtet und fließt über in einer Organisation, deren Kultur persönliche Kreativität und den freien Willen erlaubt. Dasselbe Engagement wird eingesperrt und zerbricht in einem starren Gefüge, wo das Management keinen Bedarf und keine Zeit signalisiert, geniale Ideen einzelner Geister anzuhören, geschweige denn, diese in Entscheidungsprozesse einzubeziehen. Derselbe engagierte Mensch, mal hier eingesetzt oder mal dort, erbleicht an der mürben Ohnmacht, nur Handlanger zu sein, oder blüht auf an einer Herausforderung, die er hochmotiviert zu steuern berechtigt ist.

Wo liegt der Unterschied? Was macht diesen aus?

Denken wir uns zunächst in einen internationalen Konzern: Ein Mensch, der etwas bewegen will, wird sehr bald anbeißen an jener Angel, die Karriere verspricht. Was sich dieser dynamische Mitarbeiter erhofft, ist zunehmend mehr

Handlungsspielraum, je weiter er steigt. Er gibt sein Bestes, engagiert sich mehr und mehr, bringt Höchstleistung, investiert all seine Kraft, all seine Zeit, er gibt sein Leben dafür hin. Und immer mit dem Ziel vor aufgesetztem Schutz-Visier: Um mehr Einfluss zu gewinnen, mehr entscheiden und dann noch mehr bewegen zu können. Dass diese Erwartung ein Irrglaube ist, weiß er nicht, noch nicht, sagt ihm niemand. Denn jene, die „das Sagen" und die hemmenden Türen nach oben einst durchbrochen haben, sind gezwungen zu schweigen, zugunsten ihrer hart errungenen Position. Ihr eigener Antrieb ist längst verraucht, da sie „oben" duldend zerrieben werden in den Zahnrädern des Systems, inzwischen hungernd nach der Illusion der Unbedarften, der Noch-Engagierten, deren Einsatz sie längst geschickt zu nützen wissen, als Trostpflaster auf der brennenden Wunde ihres Eingepfercht-Seins.

Was die Ehrgeizigen inspiriert und motiviert, ist die totale Hingabe zu allem, was sie tun, soweit ihr Aktionsradius auch reichen mag.

Der ursprünglich großartige Enthusiasmus schlägt jedoch irgendwann über in bedrohliche Über-Identifikation. Die ersten Erschöpfungssymptome werden übersehen oder verdrängt, denn schließlich steht schon der gute Ruf auf dem Spiel und außerdem wird die Erlösung dort vermutet, wo die Tür zur nächsten Ebene führt. Wonach Menschen streben, die sich bis zum Umfallen verausgaben und dies auch noch voller Überzeugung tun, ist die Illusion, seine eigenen Ziele einst in glückversprechender Zukunft selbst stecken zu dürfen.

Freiheit wird als die vermeintliche Belohnung erwartet, die Freiheit des Mächtigen, der die Regeln aufstellt. Doch je weiter die Strebsamen ihre Karriereleiter emporsteigen, desto mehr kippt die Vision in Verwirrung: Denn genau das Gegenteil geschieht, das Aktionsradius-Spinnennetz wird dichter und klebriger, der Überblick weicht. Der Engagierte wird zwar befördert, doch von einer Besserstellung spürt er trotzdem nichts. Die ersehnte Selbstbestimmung bleibt aus, denn kein erreichtes Ziel führt zum Ziel, nie ist es genug. Zu weit weg ist die Geschäftsleitung vom Arbeits-Schauplatz entfernt, zu undurchsichtig ist ihre Strategie, zu lose sind ihre Entscheidungen und viel zu groß ist der Druck. Ein Druck, der ganz oben kaum gefiltert und übermächtig nach unten weitergegeben wird – realitätsfremd meistens, schonungslos. Ergebnisse, die allzu oft jeglicher Machbarkeit entbehren, werden heuchlerisch eingefordert, und sei es mit „Mitteln der Macht", mit gnadenloser Forderung und Überforderung. Ach, und wer nicht spurt, bleibt auf der Strecke, ist des Konzerns Elan und seiner Herausforderung nicht mehr würdig, wird ohne viel Gerede aussortiert, durch Neue ersetzt. Wer vermag einer solchen Schmähung schon standzuhalten? Und speziell das mittlere Management, das diesen Druck von oben nicht abwehren kann, sieht meistens keine Chance, seine Teams zu verschonen. Sie alle zusammen sind im Erfolgswahn verstrickt.

Der Enthusiastische engagiert und verausgabt sich weiter. Jede nächste Etage auf der Karriereleiter entpuppt sich als weit beklemmender als die letzte zuvor und ähnelt mehr und mehr einem Gespensterkabuff. Der hehren Erwartung nach mehr Selbstbestimmung, nach mehr Lebensqualität und Eleganz grinst hämisch eine überproportionale Befehlsherrschaft entgegen. Lähmend ist der Alltag, fiebernd wird jeder Schritt gesetzt im surrenden Termiten-Haufen, wo Giftbisse lauern und Fremdbestimmung eine lodernde Maschinerie verheizt. Der Stolz, die „Belohnung", die ersehnte persönliche Freiheit bleiben völlig aus. Motivation und Mut-Zuspruch oder gar Anerkennung liegen Lichtjahre zurück. Der einst so interessierte Mitarbeiter fühlt sich betrogen und enttäuscht – zunächst unbewusst, dann ohnmächtig klar. Vielleicht zieht er sich jetzt zurück. Oder er will diese Entwicklung nicht glauben und stürzt sich blind in das nächste Projekt. Oder er bricht zusammen. Oder er verharrt schockiert. Irgendwann wachen sie alle auf.

Dann sehen sie die Realität: Sie ist nackt und schroff, wie ein karger dunkler Fels. Dieser Ernüchterung folgt meist der mentale Absturz. Oder die Entscheidung: „Wenn ich keine Rücksicht mehr nehme, komme ich besser voran." Somit Ellenbogen raus und weiter.

Oder aber Verzicht. Hinschmeißen. Alles. Gehen. Raus hier. War alles umsonst?

Eines sollte klar geworden sein: „Etwas bewegen können" gilt für die ganz große Karriereleiter nicht.

Denken wir uns nun in ein humanes Umfeld, wo jeder Einzelne mit seiner Leistung die Organisation belebt: Ein Mensch, der etwas bewegen will, wird sehr bald mit verschiedenen Aktivitäten loslegen, die er mit einem Rundum-Blick als notwendig identifiziert. Was sich dieser dynamische Mitarbeiter erhofft, ist ein breiter Handlungsspielraum, um anpacken zu können und Brachliegendes in geordnete Strukturen zu hieven. Und niemand hindert ihn daran. Sein Wille zu handeln und sein unerschütterlicher Schwung werden zuerst zugelassen, vielleicht sogar ein wenig nachsichtig belächelt, bald wohlwollend mitangesehen und zuletzt honoriert. Sein Gestaltungsdrang wird nicht eingeschränkt, und der engagierte Mitarbeiter kann stets zu Ende führen, was er beginnt. Dieser Erfolg, in kleinen Schritten, stärkt die Motivation überaus! Fröhlich schreitet er voran in Aktion und Rückblick, in einer dynamischen Spirale, die seinen Ruf in positives Licht katapultiert. Denn wer arbeitet, ist immer gern gesehen, wer etwas weiterbringt, wird gewürdigt, auch wenn das Detail der Sache kaum jemanden so recht interessiert. Jede und jeder kann seinen Stil leben, die Existenz von Vielfalt wird begrüßt und unterstützt. Denn die Leitung einer solchen Organisation glaubt an den Erfolg des Ganzen, um so mehr jeder Einzelne seinen ganz persönlichen Beitrag leistet. Gleichartigkeit wird als Einseitigkeit gesehen, Kreativität als Bereicherung. Wen wundert es, dass die Entfaltung hochmotivierter Mitarbeiter*innen hier als wertvoll gilt. Und wie tut sich diese Welt für den

Zielstrebigen auf? Je mehr er erledigt, desto mehr neue Aufgaben warten auf ihn, die er wiederum nach seiner Art und im eigenen Tempo anpacken kann. Handlungsspielraum und ein ungestörter Aktionsradius erfüllen sein Bedürfnis nach Selbstbestimmung. Die positive Spirale dreht sich weiter: Entscheidungsfreiheit bringt Freude an der Arbeit, bringt innere Motivation, bringt positiven Umgang mit allen anderen im Haus, bringt vielversprechende Ergebnisse, bringt Aufschwung, bringt Anerkennung in der Geschäftsleitung, bringt Erfüllung und Lachen und Wert. Die Ideale des Einsatzfreudigen werden erfüllt: bestmögliche interne Akzeptanz bei geringstmöglichen Vorgaben. Er ist frei zu handeln, frei zu entscheiden und seine Vision blüht auf: „Etwas bewegen können" wird der Inbegriff seines tagtäglichen Einsatzes. Dynamik und innere Erfüllung beleben seinen Schritt, die meisten Handlungen lernen fliegen.

Wird der Unterschied deutlich? Was macht diesen aus?

Engagement als individuellen, besonderen Beitrag zu erkennen und dies durch Gestaltungsfreiheit zu fördern, führt zu hoher Selbstachtung jener Leistungsstarken und zu deren ungebrochenem Tatendrang. Was den Erfolg der gesamten Organisation entscheidend hebt. Engagement aber vom Menschen entkoppelt zu begreifen und dieses in den Krater überbordender Aufgaben zu kippen, auf dass es dem Unternehmen den höchsten Ertrag bringen möge, wird vom Betroffenen mit der Zeit als Ausbeutung empfunden – noch dazu, wo Wertschätzung für den Menschen ausbleibt, sondern nur der Output, die Leistung kommentarlos abgeschöpft wird. Keimende Enttäuschung und dann Ernüchterung und dann Erschöpfung und dann Aggression werden zunächst nicht wahrgenommen, von beiden Seiten nicht. Auf der einen Seite nicht, weil zu schmerzhaft und deshalb verdrängt. Auf der anderen Seite nicht, weil nicht erwünscht, nicht ins System passend und somit nicht existent. Wer es nicht mehr schafft, wird beiseite gewischt und ignoriert und angeschwiegen, es gibt keine Zeit für Sentimentalität.

Die jubelnden Erfolgserlebnisse von Engagierten in der anderen, humaneren Welt werden geteilt, begrüßt, es wird innegehalten und symbolisch in die Hände geklatscht, um jenen wohlwollend bejahend auf die Schulter zu klopfen. Diese Welt bietet Raum für Freude, für Austausch, für das Wahrnehmen von Aufruhr und Erfolg. In dieser Welt wird der einzelne Mensch in seiner ganz persönlichen Art gewürdigt, wahrgenommen, ernst genommen – und das tut unglaublich gut.

Immer, immer, immer wolltest du „etwas bewegen können". Beim Wechsel von der einen sterilen Welt in die andere, menschlichere, tat sich bald genau diese riesige Tür der Hoffnung auf. Deine ursprüngliche Vision, Karriere zu machen, weicht einem unerschöpflichen, großen, phantastischen Bild: Du hast alle innere Freiheit zurückgewonnen, du entscheidest und bewegst. Du gewinnst an Bedeutung in den Augen jener, für die du dich engagierst. Dieses Leben ist es, das du angestrebt hast, darin ursprünglich aber nicht Karriere erkannt.

Handlungsspielraum und Selbstbestimmung sind die lebensnotwendige Nahrung für alle, die sich einsetzen und ihr Umfeld gestalten möchten. In der menschlichen Welt entflammt innerer Ansporn – und aus dem Feuer materialisiert sich Erfolg.

ER

Du bist geschockt über die Wucht seiner Worte. Nicht das laute Laut seines niederschmetternden Vorwurfs geht dir durch Mark und Bein, sondern diese Unerbittlichkeit, mit der er dir ohne Hinterfragung deines Wissensstandes und unfähig jeder sachlichen Beurteilung seine eigene Sicht der Dinge und seinen daraus emporgeschossenen Zorn wie einen glühenden Wust vor die Füße schmeißt. Später tut es ihm leid, dich ungerecht konfrontiert zu haben, später wird er sich entschuldigen, sogar mehrmals, und versuchen, mit Pralinen deine Gunst zurückzugewinnen. Doch es ist nicht das erste Mal, und es wird Monate dauern, bis du nach diesem Vorfall wieder frei von Kränkung mit ihm zu sprechen vermagst.

In diesem einen Moment herrscht er dich an. Im Beisein seiner Assistentin schreit er dir die unnötige Aufforderung ins Gesicht, „dich endlich darum zu kümmern", wo du doch nie etwas anderes tust, als dich zu kümmern, um alles zu kümmern, zu kümmern, zu kümmern, sogar um jenen Teil, der zu seiner Verantwortung zählt. Du weißt das, und trotzdem. Trotzdem trifft es dich jetzt ungemein, dass du ahnungslos für etwas angegriffen wirst, was du ohne Information ja gar nicht wissen kannst. Er schreit dich an, mächtig und bedrohlich, so zornig, dass du dahinter gar seine Verzweiflung spürst. Seine Rage verbietet dir jedes Wort. Er macht dich mundtot und schickt dich weg. Dorthin, wo ein Schaden entstand. Er schreit. Obwohl auch er selbst es verabsäumt hat, dich von dem Vorfall in Kenntnis zu setzen. Im Donnerwetter seines Gebrülls wirst du geahndet und weißt nicht mal, worum es denn geht. Die Balustrade, hörst du heraus, eine Balustrade sei umgestürzt. In deinem Kopf rattert Gedankengeflimmer, in deiner Seele zerbricht ein Gerüst. Es ist diese Ungerechtigkeit, die dich so schwarz brodelnd trifft, wie auch all die anderen lebenden Zielscheiben, die er abwechselnd anbrüllt, um für seinen inneren Druck ein Ventil zu kappen. Es ist dieses sein himmelschreiendes Schreien, ohne nachzudenken, seine Kritik ohne Hinterfragung der Gründe, seine unfaire Abwehr jeglicher Erklärung eines Was und Wie und Warum. Es ist sein unverhohlener Zorn, den er dir so unprofessionell entgegenschleudert, was dich zutiefst empört, da er von dir etwas abverlangt, was er selbst noch längst nicht geboten hat.

Mit lauter erboster Stimme und erhobenem Zeigefinger weist er dich seine Tür hinaus, auf deren Schwelle du von dieser Schrei-Attacke zugeschüttet wirst. Du hast nicht einen Satz gesagt und spürst sie plötzlich wieder: Die Ohnmacht, diese fassungslose Wut und diese Abscheu gegen das unverzeihlich rüde Verhalten deines so mächtigen Chefs. Du drehst abrupt am Absatz um, gehst weg ohne ein Wort der Verteidigung, rennst dabei fast deinen Direktor nieder, den du, zutiefst kompromittiert, nur eine Sekunde lang anstarren kannst. Dann eilst du davon, gedemütigt, geschlagen, zitternd und innerlich pulsierend vor Sprachlosigkeit, vor Hilflosigkeit, vor Enttäuschung, vor nicht auslebbarer Aggression. Du gehst hinaus und fliehst, fliehst vor seiner Emotion und deiner, dieser Kränkung, der du in diesem Moment nicht gewachsen bist.

WIR

Müde. Kaputt. Du schaust dich um und fühlst Leere. Die Welt ringsum bewegt sich, plappert, eilt voran. Du spürst eine Wattemauer zwischen ihnen und dir. Du spürst gar nichts. Träge folgst du dem Treiben und gehörst nicht dazu. Müde. Kaputt. Halb zu Tode gearbeitet. Wieder einmal. Aufgeopfert. Erschöpft. Zum tausendfünfhundertachtzigsten Mal hast du dich aufgerieben für einen Job, der dir nicht dankt. Ausgehöhlt. Innerlich leer. Müde. Kaputt. Du möchtest wieder mitspielen, da draußen, willst deinen Arm heben, den sanften Wind spüren, dein Gesicht strahlen lassen und mitleben. Und du krallst dich nur fest an diesem Wunsch. Fühlst dich niedergedrückt. Wie gelähmt. Müde. Kaputt.

APRIL

ICH

Doch, ich hatte auch einiges gelernt bei meinem Chef. Er lehrte mich, als Führungskraft zu denken, und zeigte mir, mich in der Linien-Hierarchie gewandt zu bewegen. Er lebte mir vor, wie eine gute Position auszufüllen sei, welchen Unterschied ein starker Auftritt macht, wie im Notfall die Haltung bewahrt werden kann. Er schulte mich, als Boss zu denken, denn wahrhaftig, er fühlte sich als Meister darin.

Durch die Notwendigkeit, stets auch seine Performance mitzugestalten, übte ich mein Geschick darin, Fakten übersichtlich und nachvollziehbar aufzubereiten, dargestellt in tabellarischer oder grafischer Form. Informationen zu bündeln, war meine Stärke, rasch verstand ich Zusammenhänge, hatte stets eine Veranschaulichung parat und war quasi jederzeit imstande, im Stegreif neue Prozesse zu liefern.

In der harten Schule, durch die mein Vorgesetzter mich schickte, begriff ich schnell, worauf es ankommt: auf die Wirkung und nicht auf das Tun. Professionelles Auftreten war fortan mein Credo, überzeugte Dynamik mein Stil.

Ich perfektionierte meine Gabe, in Gesichtern zu lesen und die Haltung eines anderen aufzuspüren, noch bevor er mich damit manipulieren konnte. Meine Menschenkenntnis reifte, meine Wachsamkeit auch. Jede Veränderung im Blick meines Gegenübers, in der Krümmung der Augenbrauen, jedes Zucken in der Mimik, seiner Mundwinkel, jede fahrige Handbewegung bemerkte ich sofort, stets aufmerksam gewappnet, eine Haltungswende im Voraus zu erkennen. Um eines kleinen Vorsprungs willen, aus dem ich mir Handlungsspielraum versprach. Um mir genügend Freiraum zu boxen in der schroffen Welt meines Jobs.

Ja, ich hatte auch einiges gelernt bei meinem Chef, gelernt fürs Leben, und dieses Wissen nahm ich mit. Ein Wissen über Härte und über Durchhaltevermögen, über Krisen und Machtverhältnisse, über die Kunst des Stehaufmännchens und jener des Jonglierens mit hauchzartem Organisations-Porzellan. Wissen über professionelles Auftreten, über Präsenz, über Wagemut, über das Geschick auf dem Seil zu tanzen, über bodenloser Kluft. Das Wissen, wie wichtig gestraffte Schultern sind, ein erhobenes Haupt, ein gestähltes Rückgrat und ein unermesslicher Glaube in die eigene Kraft.

Nimmt mir keiner mehr weg, kann darauf meine Zukunft bauen, die dann vortrefflich glückt. Später schaue ich zurück zu jenen dort drüben und denke: *yonder*.

SIE

Werte sind es, die uns die Spur vorgeben. Wohin wir auch wandern, unser Weg uns auch führt: Die Weichen werden durch unsere Werte gestellt. Was auch immer wir bleibend erschaffen, was wir hinterlassen werden, wenn unsere Zeit zu Ende ist, wird motiviert und gelenkt durch einen bewusst oder unbewusst verfolgten Lebenstraum.

So mancher von uns begibt sich als Leittier auf die Reise, als Führungskraft immer der Herde voraus. Oder auch hinten nach, wenn die Situation dies verlangt. Ob als Schlusslicht, als Wegbereiter oder als einer von ihnen mitten drin: Solange die Leitfigur von der Herde als solche anerkannt wird, ist die reale Position irrelevant, nur was vorgelebt wird, zählt.

Eine Führungskraft mit einem idealen Wertehaushalt wird diesen vervielfältigt wiedererkennen, wird erleben, wie das Team Verhaltensweisen kopiert. Förderliche Grundstrukturen werden geschaffen, eine wertschätzende Haltung wird eingenommen, es wird offen und freundlich kommuniziert.

Wer eine solche Atmosphäre aus dem Boden stampft, wem gelingt, in gesellschaftlich schwierigen Zeiten ein menschliches Gefüge zum Leuchten zu bringen, hat fürwahr ein Lebenswerk vollbracht.

Denn jedes Mitglied dieser Gruppe wird den gesäten Samen weitertragen, wird den Mehrwert multiplizieren, der durch Achtsamkeit für ein Individuum entsteht.

Dies als Wert zu begreifen und gedeihen zu lassen, ist längst in die Seelen der Herde gewebt. Wo das Positive, das Wohlwollende keimen kann, wo die Freundlichkeit siegt und der Mensch wieder zählt.

DU

Wer wird jemals verstehen, wie zerrissen du geworden bist? Nie hast du darüber gesprochen, nie deine positive Haltung abgelegt. Fast wärst du auch daran noch erstickt: an dem schizophrenen Gefühl, drei Welten in dein eines Leben zu packen. Anfangs setzt du alles daran, deinen Entschluss keinem zu zeigen, lange nicht mal deinen engsten Freunden, zu stark läufst du Gefahr, an ihr zu zerbrechen, an der Realität deines Ausgebrannt-Seins. Nein, du sprichst nicht darüber, nie. Lieber vertuschst du es. Auf unglaublich professionelle Art hältst du deinen echten Weg verborgen, sodass kein Mensch mehr nachvollziehen kann, was tatsächlich in dir geschieht.

In jenem Frühling sagt dir jemand: „Frosch, wann springst du aus dem kochenden Wasser?" Und dann, bei der nächsten Aggression deines Vorgesetzten, brichst du zusammen, abends dann, in bergend schützenden Armen stürzt du hinunter ins Leere, spuckst alle Ideale hinaus, zum hundertzwanzigsten Mal, fasst nicht Grund unter Füssen, nicht Zuversicht, verlierst alles Rückgrat an jenem unglückseligen Abend, heulst stumm und starr und erkennst: Je*tzt spring, Frosch, spring, bevor dein Blut überkocht.*

Es ist die letzte Fassungslosigkeit seinetwegen, wegen ihm, deinem Chef. Nie zuvor sahst du so klar: Du musst weg. Und nichts und niemand könnte es dir nun noch anders abverlangen. Am traurigen Tagesausklang des 23. April, genau drei Monate nach deinem 40. Geburtstag, hast du deine Entscheidung gefällt: Du wirst gehen, dieses Unternehmen verlassen.

Und dann hat deine Fassade weitergemacht. Hast parallel intensiv nach neuer Arbeit gesucht, Inserate gelesen, Bewerbungen verfasst. Und währenddessen weitergemacht. Jeden Samstag-Nachmittag hast du Zeitungen durchwühlt, bald stumpf und frustriert mangels adäquater Möglichkeiten. Und währenddessen machst du ganz normal weiter in deinem regulären Job. Was solltest du auch anderes tun, noch keine Alternative hat sich aufgetan. Es ist dein dringlichster Wunsch, professionell zu bleiben, dein Team nicht zu früh in den Hader zu stürzen – weißt du doch genau, dass sie sich verloren fühlen, ohne dich. Nach außen bleibst du ruhig und optimistisch, bist bei der Sache, bringst deinen üblichen Einsatz, und niemand bemerkt, wie sich deine innere Kündigung vollstreckt. Nein, du sprichst nicht darüber, nie. Niemand erkennt es, folgt deiner Wahrheit – wie auch: Wo du durch die innere Loslösung doch viel ruhiger, gelassener, friedlicher bist. Und deine neue Lebensfreude wird dir als frisch entflammte Motivation ausgelegt – wie weltenverkehrt –

Erstaunt nimmst du wahr, wie einfach es ist zu denken „ich gehe" und dabei all den Schrott ringsum zu ertragen. Nein, niemand kann dein neues Lächeln richtig deuten, dein Frohlocken, deinen Übermut. Du steckst sie damit an, deine Leute, und führst sie so besser als je zuvor.

Und genau da beginnt sie, deine Schizophrenie. Anfangs genießt du es noch, wie leicht es dir fällt, die Wahrheit deiner Entscheidung zu verbergen – schließlich ist höchste Vorsicht geboten, niemand darf Verdacht schöpfen, was dir auch blendend gelingt. Der Gedanke „Ich gehe" beflügelt dich, lässt dich noch erfolgreicher sein und verschafft dir sogar eine noch bessere Position. Es ist absurd: Mit weniger Engagement wird die Arbeit also leichter und erfolgversprechender – welch unverzeihliche Ironie, welch Paradoxon.

Da übernimmst du drei Monate nach deinem elementaren Entschluss tatsächlich eine neue Abteilung. Und etwa zwanzig neue Augenpaare sehen dich erwartungsvoll an im Vertrauen: Du wirst sie sicher von Hafen zu Hafen leiten und ihnen auf offener See Mut-Macher und Beistand sein – so ist dein Ruf, so lebst du es vor.

Noch allzu lange werden sie recht behalten, denn diese neue Gruppe wirst du ein weiteres langes Jahr begleiten, führen, anspornen. Wirst ungewollt ihr Hirte und – ach – auch sie glauben an dich! Noch das gesamte Jahr hast du in innerer Schieflage zu verharren. So lange dauert es nämlich, bis du nach unzähligen mühevollen Versuchen endlich auf ein Angebot stößt, das dein Herz zum Fliegen und dir eine neue Stelle bringt.

Dieses Jahr der Suche jedoch zermürbt dich völlig und wieder wird dir alles zu viel. *Ausbruch* durchzuckt dich immer wieder als unaufschiebbarer Drang. Doch Tag für Tag blendest du weiter und verstrickst dich immer tiefer in theaterkaschierter Authentizität. Du begreifst: Es gibt kein Zurück. Du engagierst dich weiter. Bleibst jener Chef, auf den sich alle verlassen können. Sie zählen auf dich. Wie beim Flippern stößt und eckt und rollt und rotiert der Konflikt zwischen deiner Loyalität zum Team und dem Wissen, dass du sie zurücklassen wirst.

Irgendwann wird dann die Kluft unerträglich, zerreißend, die Kugel rollt ins Aus. Du suchst Job und trotzdem tust du im Büro so als ob. Dieser innere Bruch in deiner Persönlichkeit zerrt wild an deiner Seele, immer öfter sehnst du dich danach, dein Inneres ehrlich nach außen zu stülpen. Heftig verdrängst du die absurde Erkenntnis: Dein Team liebt dich und du führst sie an der Nase herum. Doch ist es längst zu spät, einen wahrhaftigen Weg zu gehen. Wenn es dich auch noch so traurig macht: Niemals wirst du ihnen offenbaren können, wie es wirklich war, denn dann würde auch deutlich werden, dass du sie getäuscht hast – länger als ein Jahr.

Aber nichts hat dich dazu bringen können, deine Entscheidung auszusprechen, aus Angst, dass deine Bombe zu früh platzt. Und niemanden hast du an dich herangelassen, niemandem im Arbeitsumfeld hast du vertraut. Das hat dich einsam gemacht und zum Bersten erstickt. Weil du nicht reden darfst, nicht hinausschreien, was du seit Monaten, seit jenem aprilschweren Nerveninfarkt im Verborgenen hältst, als Leidensgewicht mit dir schleppst: „Ich muss weg, ich will weg. Ich will weg!" Allen, allen, allen machst du etwas vor. Niemandem gestehst du ein, dass es dir bereits seit achtzehn Monaten endgültig reicht.

Erst viel später sprichst du darüber und senkst beschämt deinen Blick. – „Warum hast du es uns nicht einfach gesagt?" – Und da spürst du es immer noch, wie die laute Stimme in dir sagt: Ich wollte dir ersparen, mit mir zu harren und den Tag herbei zu fürchten, an dem ich euch verlassen werde. Und zu viele Gesichter von damals tauchen da in dir auf. Die dich anstrahlen, dich verehren, dich suchen, dich brauchen, sich dir öffnen, dich um Rat fragen, an dich glauben, dir vertrauen.

Sie sind dir immer noch treu. Die wenigsten wollen wissen, wie es wirklich war.

WIR

Innere Freiheit –
oh hehre Selbstbestimmung,
ich glaube an dich.

Frei zu sein heißt dann,
wieder lachen zu können.
Erklimme diesen Weg!

Die Last abschütteln.
Klare Sicht zum Horizont
zeigt das wahre Ziel.

MAI

ICH

Erhaben fühlte ich mich, eines Tages im Konzern, mit geradem Rücken und hocherhobenem Haupt schritt ich beschwingt durch das Gruppenbüro. Dies war zu Beginn in guten Zeiten, als ich noch ohne Arg meinem Chef hörig war. Dieser schaute mir entgegen, mit stolzem Blick, ich strahlte leise und spürte den Mut, der mich hob und mir Flügel verlieh. Daneben, sein eigener Vorgesetzter, der mich förderte und an mich glaubte. Jetzt lächelte auch dieser mir entgegen, mein Mentor, der aufmerksam über mich wachte. Im dunklen Anzug mit der Notebook-Tasche unterm Arm spürte ich meine Ausstrahlung, Power, Begeisterung. Stolz war ich in diesem Moment, so stark und erfolgreich fühlte ich mich. Und zu unbedarft war ich da noch, um zu realisieren, dass mein Weg kein Honigpfad war. Ich machte mich bereit für den Aufstieg, um das verlockende, noch ungekannte eiskalte Vakuum dort droben zu erklimmen, die brennend heiße Hölle, wo mein Schädel an die Glasdecke prallen wird. Oder ist es eine Balustrade? Die einstürzt und mich unter Trümmern begräbt? Frohlockend schritt ich drauf los.

SIE

Wenn jemand seine Zeit selbst einteilen kann, fördert dies unweigerlich die Motivation. Denn in einer Welt von fortdauernder Beschleunigung ist Zeit wohl ein kostbares Gut. Völlig subjektiv wird der Zeitverlauf wahrgenommen, mal recht träge, meist aber zu schnell.

Es ist ein unfassbares Paradoxon, dass, je höher eine Funktion in einem Unternehmen angesiedelt ist, die betreffende Person, meist Führungskraft, immer weniger über die eigene Zeit bestimmen kann, da diese von anderen verplant, mit Terminen vollgefüllt, oft für Nichtigkeiten gestohlen und damit der eigene Prioritäten-Haushalt entrissen wird. Je weiter jemand die Karriereleiter emporsteigt, desto stärker nimmt die Fremdbestimmung zu, desto deutlicher geht der eigene Handlungsspielraum verloren. Anders ausgedrückt: Die hinzugewonnene Macht zerbröselt am Verlust der persönlichen Freiheit, wird verwässert im ausufernden Kalendarium einer vermeintlich agilen Unternehmenskultur.

Weshalb ist Karriere nur so erstrebenswert, wenn ein so wertvoller Aspekt wie die eigene Zeiteinteilung dabei völlig auf der Strecke bleibt? Und weshalb herrscht allerorts die Überzeugung, dass solch absurde Geschwindigkeit, die aus Arbeitnehmer*innen rastlos hechelnde Marionetten formt, langfristig eine bessere Ausbeute bringt?

ER

Du wagst es nicht zu fragen. Im Gespräch mit anderen verstehst du genauso wenig wie sie. Diese Gruselspirale, der standzuhalten dich fordert, überfordert, die an dir zerrt. Ungezählte Male hast du darüber gesprochen, ruhig, aufgebracht, gefasst, verzweifelt, nie eine Antwort gefunden. Immer wieder musst du wahrnehmen, wie andere, Außenstehende, dich verständnislos mustern, das Gehörte kopfschüttelnd wegwischen und dir auch ohne Worte transportieren: Das kann doch nicht sein, wieso lässt du das zu, das würde ich nicht akzeptieren, so wehre dich doch! Und doch hast du akzeptiert, alles zugelassen, mitgespielt. Denn du hast keinen Ausweg gesehen und nicht begreifen können, wie jener Mechanismus funktioniert. Weil du nicht zu durchschauen vermocht hast, was mit dir passiert, was er mit dir und all den anderen macht. Ihr alle seid in ein finsteres Loch gefallen und findet nicht hinaus. Weil euch der Code fehlt.

Den du erst Jahre später begreifst.

Mitten drin stehst du und musst mitansehen, wie Menschen um dich herum erniedrigt werden, wie ihnen Unrecht getan wird und keiner ihnen hilft. Auch du nicht. Nein, sogar du nicht mehr. Warum nicht? Aus Angst? Ja, aus Angst. Aus Angst, wieder derselben Macht zum Opfer zu fallen, die du schon allzu oft ausgehalten hast, ihr ausgeliefert, weil nicht wissend, was es ist, wo du ansetzen kannst. Er zielt aus dem Nichts, unerwartet, unvorbereitet trifft dich der spitze Pfeil. Seine Worte, hämisch und roh, durchbohren dich, du weißt nicht, was in dir Schaden nimmt, doch du spürst, wie ein weiteres Fundament in dir bricht. Seine Worte, drohend und laut, vernichten dich. Und alle ringsum sehen zu, stumm, traurig, unfähig einer Reaktion. Weil sie selbst nicht wissen, was passiert, welch Schubkraft hier zum tausendsten Mal ihre teuflische Hand anlegt. Weil sie selbst in Angst erstarren, sich abwenden, Rückendeckung suchen in ihrem Schweigen, in ihrer Flucht hinter ihre augenniederschlagende Fassade, mitleidend wohl, aber unfähig, dem entgegenzutreten. So wie du selbst es nicht kannst, wenn es dich trifft. Dich schaudert. Immer noch schaudert dich. Seine Worte, unfair und aggressiv, sie schreien dich an, doch du verstehst nichts. Weil dein Geist damit beschäftigt ist zu verstehen, zu erfassen, welche Rolle du hier hast, welche Rolle er spielt, er dir gibt, wie du dem ankommen könntest, das dich hier mit emotionaler Gewalt in die Enge treibt. Seine Worte, mächtig und niederschmetternd, sie zerstören, seine Worte, wie ein Beil sausen sie nieder, seine Worte, auf Menschen ringsum, auf dich, auf sie, und zerhacken euren Selbstwert, euren Mut, eure Berechtigung zum Selbst. Seine nichtssagenden Worte.

Erst Jahre später begreifst du den Mechanismus, welcher so viele Seelen gepeinigt hat.

Jahre später, als du längst nicht mehr im Bann jener Welt stehst, als du dich längst befreit und den Sprung geschafft hast, um auf der anderen Seite zu landen, Jahre später, die du immer wieder in Gedanken umgekehrt bist, um zu erkennen, aber kopfschüttelnd wieder und wieder im Nichts gelandet bist. Erst Jahre, ein halbes Jahrzehnt später siehst du einen Bericht über den Kampf gegen das italienische Machtgefüge, hörst über deren Strategie – und plötzlich: Klare Sicht.

Die Mafia arbeitet mit Einschüchterung. Mit Bedrohung und Unterwerfung. Bruch des Selbstwerts. Bruch des eigenen Willens. Ein gebrochener Mensch – fügt sich. Ist ohnmächtig. Versteht die Mechanismen nicht. Sieht keinen Ausweg. Welt voller Angst.

Wie eure damals. Wie dort immer noch. Du schaust zurück und erinnerst dich: Es ist die *Einschüchterung*, die dich handlungsunfähig macht. Die dir deinen Trotz, deine Diskussionsbereitschaft und dein Aufbegehren nach beharrlichem Widerstand schließlich austreibt, weil es ihm zu viel wird, weil *du* ihm zu viel wirst, weil du ihm zu stark wirst, mit deinen heftig eingeforderten Werten und deinem ungestümen eigenen Willen. Auch dich muss er brechen, um dich gefügig zu machen – und so schickt er auch dich auf diesen grausamen Weg: Er attackiert dich auf unfaire Weise, seine Worte schlittern gnadenlos herein und bringen dich hart zu Fall, unabänderlich. Dein Wertehaushalt hindert dich daran, dich zu wehren, solange du noch kannst. Er greift dich immer wieder an, unregelmäßig, unkontrolliert, unberechenbar. Schürt dein Gespür für Unrecht. Und als du dich auflehnst, macht er dich zunichte, er sitzt immer auf dem längeren Ast, immer. Denn es ist seine Welt, in der er regiert, seine Welt, in die du hineingeraten, freiwillig hineingegangen, wo du jetzt festgenagelt bist.

Du kannst nicht mehr weg, denn jeder Weg nach draußen ist von einem Zerberus besetzt. Und das Schwert jedes Wächters ist die Bedrohung, dich auf dem Weg nach draußen in ein Biest zu verwandeln, dich unsichtbar und unhörbar zu machen für die Umwelt, dir all dein Gespür für dich selbst abzusäbeln, dich zu verfolgen, dir deine Glieder zu lähmen, dich lebensunfähig zu machen, dich zu brechen. Dein Groll und deine Verachtung nützen dir nichts, Flucht bleibt immer nur eine Idee, nur zwei Schritte dorthin, zwei Schritte ins Nichts. Du kehrst um im Wissen, du schaffst das nicht, du weißt noch nicht wie. Wie du dich danach dann widersetzen kannst. Deine Angst ist unermesslich, Angst vor diesem Verrat, den er dir nicht ungestraft nachsehen wird. Du weißt nicht, wie weit da draußen diese drohende Gefahr dich niederstrecken oder wie weit deine Umwelt dich schützen kann. Erst recht nicht weißt du, dass das vermeintlich Bedrohliche nur eine fiktive Sinnestäuschung ist, die er dir, euch, in geschickten Schockdosen eingeimpft hat. Dein zerbröselter Selbstwert zwingt dich, zu bleiben, dich zu beugen. Und so ist es passiert.

Und jetzt verstehst du alles: Ungezählte Male hast du darüber gesprochen, ruhig, aufgebracht, gefasst, verzweifelt, nie eine Antwort gefunden. Immer wieder musstest du wahrnehmen, wie andere, Außenstehende, dich verständnislos mustern, das Gehörte kopfschüttelnd wegwischen und dir auch ohne Worte transportieren: Das kann doch nicht sein, wieso lässt du das zu, das würde ich nicht akzeptieren, so wehre dich doch! Diese Worte demütigen jene, die erniedrigt werden, noch bevor sie begreifen, was da geschieht. Natürlich kann für Menschen, deren Selbstwert nie bedroht wurde, solcherart Erfahrung nur unverständlich sein. Sie kennen dieses Gefühl der Einschüchterung nicht, diese Ohnmacht, dieses Unvermögen, sich selbst oder andere zu retten. Sie wissen nichts über die Schwärze, die Bewegungsunfähigkeit in dieser Hölle der

Angst, diesem Gefühl, ausgeliefert zu sein einer dumpfen, verschlüsselten Macht.

Du verstehst ihre Haltung heute und verzeihst dir selbst. Opfer zu werden, ist nicht zwangsläufig die Schuld des Opfers. Opfer zu werden hat auch mit dem Glauben an das Gute im Menschen zu tun. Jener, der beherrschen will, unterwirft nicht willkürlich, sondern wählt seinen Kreis sorgfältig aus. Wählt jene mit hohem Wertehaushalt, die nicht zurückzuschlagen vermögen, die noch immer suchen zu verstehen. Wären sie endlich zur Notwehr bereit, ist es ohnehin zu spät. Sie sind gefangen und können nicht aus, gebrochen und mutlos wagt ihr nichts.

WIR

Laut war sein Ton. Starr war ihr Blick. Verschwommen huschten Fragmente über den Screen. Das Wofür nicht ganz klar, das Ziel nur vage hin gespuckt. Ein Zahlen-Puzzle, zusammenzusetzen der Fantasie zufolge. Kann nicht passen, passte nicht.

Laut war sein Ton. Starr war ihr Blick. Verschwommene Wimperntusche im verschreckten Gesicht. Der Grund nicht ganz klar. Als Vermutung schürt er Zorn. Ungeduldig Brocken hingeworfen als Strichpunkt seiner Hilflosigkeit. Sie halfen nicht.

Kein Ergebnis ohne Klarheit, was denn als Ergebnis erwartet wird.

Laut war sein Ton. Falle ihm ins Wort. Fange ihren Blick auf.

JUNI

ICH

Zwei Wochen zuvor – es war ein sonniger Tag – wurde die Frage an mich gerichtet, ob ich zusätzlich auch die Leitung der kleinen feinen Service-Gruppe übernehmen würde – selbstverständlich sagte ich Ja. War es mir doch ein Anliegen, jedwede Mitarbeiter*innen unter meine Obhut, unter meine Fittiche zu nehmen, um meine Schwingen auszubreiten über all jene mir Anvertrauten, über bisher so unzureichend betreute Arbeitskräfte, um sie aufzufangen und in ihrer Selbstachtung zu stärken, das war mein Plan. Um meine Vision von menschlicher Führung zu infiltrieren in ein System, das nur Ausbeutung kennt, Gewinnmaximierung, von karriere-süchtigen Aufsteiger*innen dominiert. Um diesem Unternehmen zu beweisen, dass Führung auch anders geht, wohlwollend und mit Vertrauen, im Glauben an das intrinsische Engagement jedes einzelnen – und siehe: Es gelang.

Denn prächtig schaffte ich es, eine fröhliche, lebendige Straße in die trockene Unternehmenskultur zu furchen, mein Team war dankbar, war motiviert und liebte mich für meinen Mut, es anders zu machen, als sie bis dahin kannten.

Mein Konzept von Führung, meine Vision von einer menschlichen Welt trieb mich zu jener Zeit empor zu einer ungeahnten Euphorie. Vielleicht entsprang mein Geschick gerade der Naivität meines unerprobten Versuchs, dem Personal auf gleicher Augenhöhe zu begegnen und es trotzdem anzuleiten. Wer weiß. Aber allem etwaigen Umfeld-Schmunzeln zum Trotz – es funktionierte. Ich hatte Erfolg und meine Berufung gefunden. In mir erstarkte eine umsichtige, glaubwürdige Führungskraft, die vermochte, ihren eigenen Werten und Idealen zu folgen, und die ihr Team mitzog, hinauf in eine Stimmung von Idealismus und gedeihlicher Arbeitsmoral. Mein Selbstbewusstsein erhob sich und straffte die Schultern: Ja, das Konzept ging hervorragend auf, nach zwei Jahren Abteilungsleiterdasein mein Riesenerfolg!

Da wandelte ich auf einem Hochplateau meiner Entwicklung, da versprühte ich Elan und meine wachen Augen funkelten vor Freude und Engagement. Auf jener erhabenen Welle dieser erfüllten Vision wusste ich noch nichts von den Schattenseiten, die mir auflauern werden, diese zu durchwandern mir nicht erspart bleiben würde. Ich wusste noch nichts davon, dass solch grenzenlose Hingabe noch ihren Preis haben würde, einen hohen, unglaublich schmerzlich zu zahlenden Preis.

Doch an jenem sonnigen Tag war ich glücklich eingeladen zu sein, zu einem Treffen, welches der Chef meines Chefs mit einer netten Rede begann. Er würde uns gerne zu einer „Jause ins Grüne" entführen und packte einen Sack voll Snacks und Süßigkeiten aus. Unter Lachen und Getuschel staksten wir durch die Wiese, jenseits unserer Bürogemäuer verweilten wir im Lee von joballtäglicher Pflicht. Auch das kleine feine Service-Team war mit von der Partie, das mir dort, auf dem juni-besonnten Fleckchen Freiluft, vom Direktor voll Vertrauen überantwortet wurde.

Woraufhin der Älteste meines neuen Grüppchens, ein angesehener, stattlicher, liebenswerter, wenn auch ob seiner mürrischen Art etwas gefürchteter Mann mit strahlendem Lächeln auf mich zukam, seinen Arm um meine Schultern legte und inbrünstig verkündete: „Ja, wir beide, wir machen das schon!" Seine Freude, dass er nun zu uns gehören würde, zu meiner Abteilung, zur friedvollen Insel im Konzerngewühl, war nicht zu verkennen. Mein Ruf war mir wohl vorausgeeilt, da ich stets von Fairness und Selbstbestimmung sprach. Ja, mein Konzept der Wertschätzung gelang. Ergriffen hieß ich ihn und seine Kolleg*innen in meinem Team willkommen.

Ein neuer Samen der Entfaltung war gesät, mit Freude nährte ich den bald keimenden Spross.

SIE

Aufgabe aller Management-Ebenen im Konzern ist, strategische Ziele in Richtung Job-Floor zu übersetzen und in immer konkretere, kleinere, verdaubare Einzel-Vorhaben zu zerlegen, bis diese dann in den operativen Ebenen auch verstanden und erledigt werden können. Die Summe aller Handlungsschritte ergibt im besten Fall die Erfüllung eines solchen Ziels. Ob dieses Ergebnis tatsächlich den Erwartungen entspricht, hängt ganz davon ab, wie konkret und klar die Vorgaben von der darüber liegenden Management-Ebene kommuniziert wurden. Nimmt nur eine einzige Führungskraft in diesem Top-down-System die Aufgaben-Definition nicht richtig ernst, werden alle an sie berichtenden Organisationseinheiten wohl kaum eine Chance haben, zufriedenstellende Resultate zu liefern. Es sei denn, ein eigener, unkonventioneller Weg wird beschritten:

Man nehme alle bekannten Ziele von oben und koche sein eigenes Süppchen daraus.

Oder anders ausgedrückt: Wenn Sie Manager sind, dann hören Sie gut zu, in welche strategische Richtung Ihr Unternehmen strebt, und zimmern dann intuitiv eine eigene Vision für Ihre Abteilung daraus. Denn es liegt in der Natur der Sache, dass das Geschäftsmodell auf höchster Management-Ebene immer strategisch und damit kryptischer bleibt als in der Fantasie der handelnden Personen, sodass es durchaus der persönlichen Interpretation bedarf, einzelne Vorhaben in konkrete Aktionsschritte auszuformulieren.

Ansprüche der Unternehmensleitung mit den persönlichen Vorstellungen und Ideen-Zutaten des Teams vermischt, gut durchgeknetet, mit Beigabe von Vereinfachung aufgelockert und schließlich mit einer Prise Humor gewürzt – und schon wird ein brauchbarer Ziele-Kuchen für die Abteilung gebacken.

Je besser das Team das Big Picture erkennen kann, desto bunter wird auch deren eigenes inneres Bild. Sie alle gieren nach ihrem Lieblingsstück, denn für jede und jeden ist etwas dabei: Der eine mag das weiche Innere, die andere bevorzugt eher den Kuchenrand, der Dritte nimmt sich gerne die Dekofrüchte von der Glasur, ja, und immer putzt jemand am liebsten Brösel auf.

Im Grunde ist es also ganz einfach: Wenn jedem Team-Mitglied sein bevorzugtes Kuchenstück angeboten wird, so kann es sich begeistert und voll Enthusiasmus darüber hermachen und es im wahrsten Sinne des Wortes verschlingen. Ein Manager, der seine Leute gut kennt – und menschenbezogene Führungskräfte sind in der Lage dazu – wird die Anteile des Kuchens geschickt und goldrichtig umverteilen.

Ich habe noch nie erlebt, dass ein Mitarbeiter, der seine Lieblingsaufgabe freundlich und ermutigend serviert bekommt, diese nicht haben will. Und er wird gerne seinen Anteil nehmen und diesen transformieren in Arbeitswille und Energie. Das auf den Geschmack gekommene Team-Mitglied wird von sich aus seinen Beitrag leisten, intrinsisch motiviert und mit bestmöglichem Engagement, weil das passende Ziel es interessiert, seine Talente fördert und seinen Ehrgeiz schürt.

Die zu Beginn als Modell erbaute Abteilungsvision wird nach bester Rezeptur nun in Gestalt verwobene Realität.

Wenn es einem Manager also gelingt, seinen Fokus in erster Linie auf die inneren Potenziale seiner Mitarbeiter*innen zu richten, so werden sämtliche Ziele ganz automatisch erreicht. Dies meist sogar mit weit besseren Ergebnissen als bei der herkömmlich trockenen Führungsstrategie.

Wird das Team schließlich auch gut behandelt, wertschätzend und ermutigend geführt, so, wie Sie selbst es sich von Ihrem eigenen Vorgesetzten wünschen, wird Ihr

Personal ganz von alleine zu Höchstform erblühen. Und die besten Leistungen bringen. Denn nichts motiviert mehr als das Gefühl des Zutrauens, der Achtung vom eigenen Chef. Seien Sie sich immer Ihrer Vorbildwirkung bewusst! So, wie Sie Ihre Leute behandeln, werden diese auch Ihren Kunden begegnen. Sie werden unausweichlich nachgeahmt, was Sie ausdrücken, wird in Ihrer Abteilung weitergelebt und hinfort getragen und von allen Seiten als Echo zurückgespielt. Jeder Dank von Ihnen kommt zurück, jedes freundliche Wort, jedes Lächeln, aller Mut. Jedes Zeichen Ihres Vertrauens wird in Ihrem Team vervielfacht weitergelebt und so multiplizieren Sie Motivation und kollegiale Zusammenarbeit als Kettenreaktion zu guter Arbeitsmoral.

Ein solcher Weg bringt auch mehr Freude am Tun. Und damit auch wieder mehr Engagement, mehr Kreativität, mehr Identifikation, mehr Willensstärke, mehr Einsatz, mehr Leistung, noch mehr Erfolg. Ein Wachstumskreislauf: für den Einzelnen und auch für die Organisation.

ER

Und dann kommt er dir sagen, dass er gekündigt hat, der Chef deines Chefs, dein Mentor, deine einzige Hoffnung, deine potenzielle Rettung, dein Halt.

Nie hast du über dich selbst gesprochen, all deine Chancen sind jetzt dahin. Geschockt sitzt du ihm gegenüber, fühlst dich im Stich gelassen, alleingelassen, zurückgelassen, verloren, leer, ohne Gnade ausgeliefert. Ausgeliefert! Er wird gehen und du bleibst zurück – gerade er, der dir eine Bilderbuch-Karriere vorgelebt hat. Seine Gründe, das Erreichte aufzugeben, rasen unvermittelt durch deinen Geist, messerscharf erkennst du, verstehst du seinen Schritt. Wie gern würdest du es ihm gleichtun, jetzt, sofort. Doch du musst immer noch bleiben, obwohl dein Entschluss zu gehen längst gefasst ist. Bereits vierzehn Monate ist das jetzt her. Doch einen neuen Job zu finden ist schwierig, diese Suche unentwegt und unausgesprochen fortzusetzen, dies geheim zu halten, ist grausam genug.

Und jetzt geht er statt dir, jener Direktor, von dem du dir soviel versprochen, dir stets vage eine Rettung vorgestellt, erwartet hast, dass er dich hier herausholen wird. Verloren, vertan. Eine tiefe Leere, eine tiefe Trauer übermannt dich. Verstört verlierst du deinen inneren Sinn. Er wird gehen, *er* wird gehen, er statt dir! Diese Erkenntnis überrollt dich, deine Seele krümmt sich vor Weh, du willst dich lossagen und kannst nicht, kannst noch nicht gehen, noch nicht, noch nicht. Du darfst dich nicht verraten, nicht aussprechen, dass auch du dich innerlich bereits verabschiedet hast. Du musst es für dich behalten. Du musst. Ach, soviel Zwang auf deinem einsamen Weg.

Und dann beherrschst du dich, schluckst deinen Aufruhr hinunter, der dich würgt, und deine Augen brennen.

Er wirkt entspannt und erleichtert, jener, der geht. Er verlor eine Last, sichtbar ob seiner Botschaft, dies alles zurückzulassen. Du lächelst ihm zu, noch immer lächelst du, trotz schmerzhafter Betroffenheit wünschst du ihm Glück. Er dankt dir freundlich und blickt dich nachdenklich an. Warm ist sein Blick. Stumm bleibst du dennoch, als es laut in dir schreit: „Will weg. Will auch weg! Geh nicht ohne mich. Bitte! Bitte – hilf." Stumm bleibt auch er, als er geht.

WIR

„Guten Morgen",
„Guten Morgen",
„Guten Morgen",
und alle lachen und grüßen zurück.
Es tut ihnen gut.
Ein freundlicher Blick und diese zwei Worte,
mehr brauchen sie nicht.

Ein Grummeln,
ein abwesendes Über-mich-hinweg-Schauen,
wird mir täglich selbst zuteil.
Es ist nicht so wichtig für mich.

Was ich wohl entbehre,
strömt doch wunderbar
und frohgemut
von selbst aus mir heraus:
„Guten Morgen!",
„Guten Morgen",
es tut ihnen gut.
Optimismus,
Zuversicht,
Wohlwollen,
Hoffnung.
Eine kleine Dosis Freude,
die alle dringend brauchen.

JULI

ICH

Mein Teamleiter blühte in seiner neuen Funktion faszinierend auf, wie ein wundersam standhafter Strauch, der nach fünfzehn unscheinbar verstrichenen Frühlingen plötzlich prächtige Blüten trägt. All die Jahre schien er nur dahinzuvegetieren, niemand nahm von seinen Stärken Notiz oder förderte ihn, wiewohl er Jahr um Jahr zuverlässige Leistung gebar. Und dann wurde er mein Mitarbeiter. Wie auch das andere Grüppchen von vier Leuten, bisher wie er mit derselben Arbeit betraut, die ich ihm zu seiner überraschten Freude als sein eigenes Team unterstellte. Von Anfang an nahm er seine Verantwortung sehr ernst und stellte sich der neuen Herausforderung. Er brauchte Hilfe, er brauchte Tools, er brauchte Unterstützung und meine Aufmerksamkeit. Kein Problem. Ich gab ihm meine Kraft und Zeit, ermöglichte ihm geschützte Rahmenbedingungen – und siehe da: Er machte seine Sache wirklich gut! All die Zweifler verstummten nach und nach, die in seinem Wesen eher das Schroffe sahen als seinen bislang versteckten Willen zu lernen. Alsbald begann er zu glänzen, gewann er an Profil. Seine Akzeptanz stieg und daraus schöpfte er weiteren Mut. Er straffte seine Schultern, er nahm seine Leute in Schutz. Sein Selbstwert wuchs und damit rapide seine Motivation.

Morgens strahlte er übers ganze Gesicht, wenn ich ihm ein fröhliches „Guten Morgen!" schenkte – dieser Gruß schien sein täglicher Antrieb zu sein. Pure Freude zu erkennen, wie viel Kraft er aus meiner wohlwollenden Haltung gewann. Bald wurde seine gute Leistung auch nach außen hin sichtbar, sein Fleiß, sein Engagement und seine Freude am Tun.

Fasziniert beobachtete ich diese Entwicklung und erkannte mit Stolz und innerer Wärme: Mein Anstoß zu seiner Entfaltung gelang.

SIE

Was für einen Sinn macht es, in rasendem Tempo und unter Hochdruck sieben Schritte nach vorn zu galoppieren, um dann, jäh unterbrochen, meist durch ein strategisch erzeugtes Hindernis, taumelnd abrupt ab zu stoppen und in komplizierter Zick-Zack-Bewegung wieder sechs Schritte zurückzufallen? Was für einen Sinn macht es, jegliche verfügbare Ressourcen gnadenlos in diesen sieben Schritt großen Schlund zu stoßen, ungeachtet nicht vorhandener Kraftreserven, obwohl sechs davon völlig unnütz sind? Es macht überhaupt keinen Sinn.

Was für eine unermessliche Verschwendung menschlicher Energie für *einen* läppischen Schritt nach vorn! Es scheint dem oberen Management durchwegs nicht bewusst zu sein, welch aufwendigen Rattenschwanz an Arbeitseinsatz und Zeitpotenzial die Verschiebung der Strategie um nur einen einzigen Millimeter nach sich zieht. Wie oft wird einfach drauflos kommandiert, um erst mitten im Geschehen den „Plan zu machen", um mitten im Vorwärts-Sturm die Richtung zu ändern, zwangsläufig, war diese im Vorfeld doch keineswegs klar.

Drauf losrennen ist der Ressourcen fressendste Ansatz, ein Vorgehen, das sich damit rechtfertigt, nur ja keine Zeit zu verlieren. Kostbare Zeit, die dann vervielfacht vergeudet wird, weil eine Unzahl von Mitarbeiter*innen verbissen versucht, irgendeine logische Richtung zu halten, die nicht konkret aufgezeigt wird, oftmals auch gar nicht existiert. Horden von Teams setzen sich ein, geben ihr Bestes, engagieren sich, rackern sich ab, um einer Strategie zu folgen, die löchrig ist, nur plump und roh hin skizziert.

Es erscheint mir undenkbar, dass unsere hochtechnologisierten modernen Führungsebenen in der Geschäftsleitung kein Gespür dafür haben, wie viel Energie und Nerven verschleudert werden, auf Kosten der Balance, auf Kosten der Motivation, auf Kosten der Leistung, und natürlich auf Kosten des Unternehmenserfolgs, auf Kosten einer schönen Bilanz. Denn wie soll das gehen: Sieben Schritte nach vor und sechs Schritte zurück und dennoch ein passabler Gewinn? Was bleibt, ist *ein* gewonnener Vorteil, der auch mit einem Siebentel an Kraft- und Budget-Einsatz hätte erreicht werden können. Wie sollte das Personal solch unprofessionelles Vorgehen nicht durchschauen? Sie sind es doch, die loyalen Team-Mitglieder, die rasch begreifen, dass sie wieder einmal sinnlos umsonst losgerannt sind. Nicht, weil sie wollten, sondern als Muss. Eine solche Schlacht fordert viele Opfer, die stolpernd, fallend, überrannt, betäubt im Chaos auf der Strecke bleiben. Wie oft steht jener noch auf? Was bleibt, ist die Abkehr, ist Frustration, Demotivation, Enttäuschung und Freudlosigkeit, beim nächsten Startpfiff wieder mitzutun. Was ganz und gar nicht verwunderlich ist.

Was ist die Alternative dazu?

Vorher denken! Vorher planen! Strategien überprüfen, nötige Zeitspannen einschätzen, Konsequenzen analysieren, Vorteile, Nachteile, auf Zusammenhänge und Abhängigkeiten achten, um – wenn einmal begonnen – zumindest zur ersten Weggabelung zu gelangen, ohne Unterbrechung, ohne Kurskorrektur. Mit Bedacht einen und noch einen Schritt statt gleich sieben zu setzen und dabei immer wieder den richtigen Fortschritt zu prüfen, das führt kontinuierlich zum Ziel.

Wenn eine unvermeidliche Änderung nötig wird, bedarf es der Sammlung, doch zunächst sind die aktuellen Schritte fertig zu tun und die Füße wieder ordentlich auf den Boden zu bringen.

Wer rennt, hat die Staffel noch zu übergeben, den Schwung nicht auszubremsen, hat die Weiche nicht selbst zu stellen. Bis zum Meilenstein gelangen ist die einzig wahre Haltung. Innegehalten wird erst dort, für eine Neupositionierung, eine korrigierte Blickrichtung, die gemeinsam fokussiert werden soll. Vorbereitung und Kommunikation fördern Vertrauen, sodass jeder Betroffene die Änderung wahrnehmen, annehmen und sich dahingehend sammeln kann.

Dann erst wird wieder mit der Arbeit begonnen, die Nachdenk-Pause hat besserer Orientierung gedient. Ja, das kostet etwas Zeit, aber keineswegs soviel, wie sechs verlorene Schritte fressen. Bevor der erste Fuß gehoben wird: Schaffe Klarheit für alle, was zu tun nötig ist!

ER

Dein Unternehmen ist eine Galeere mit komplizierter Konstruktion, schnittig geformt, dennoch behäbig wie ein Rhinozeros. Auf offener See fährt dies Monsterschiff geradlinig und flott voran, dem Horizont und Erfolg entgegen, der Schwerfälligkeit trotzend, ja, siegessicher zieht der Koloss dahin. Diese Galeere hat viele Decks, auf den obersten walten die Steuermänner, die Schiffsleitung und natürlich der Kapitän. Sie peilen die Ziele an, die es zu erreichen gilt, nur mit dem unglücklichen Umstand, dass jeder in eine andere Richtung zeigt. Ihre Motive sind widersprüchlich, das Wagnis wird verleugnet, denn die Kader-Taktik zählt mehr. Einer fragt sich, wie das Schiff trotz mäandernder Fantasie-Manöver wohl überhaupt auf Kurs bleiben kann – hinüber in fremde Welten, hinab in dampfendes Niemandsland, hinweg zu anderen Gestirnen, abgehoben und hinfort.

Auf dem Weg zum Pluto jedoch fährt die Galeere zügig von anderer Hand. Nicht die Steuergarde ist es, die

die Richtung bestimmt. Und wäre sie es, blieben ihre Rufe ungehört, denn sie dringen gar nicht hindurch nach unten, in den Rumpf des Schiffes, wo das Ruder-Team sitzt. Denn sie sind es ja, die treuen Mitarbeiter*innen sind es, die das schwere Boot vorwärts treiben, indem sie rudern und rudern und rudern. Und rudern und rudern – alle Kraft voraus! Harmonisch steuern sie das Schiff zum Horizont, nicht wissend um Zielvorgaben, nicht sich kümmernd um des Kapitäns Anweisungen, die mangels Klarheit und Eindeutigkeit, mangels Transparenz und Kommunikation ja gar nicht geklärt worden sind. Egal. Die Ruderer wissen, wie es geht, sie rudern und rudern gemeinsam im Takt und sorgen für das großartige Tempo, das dem Monsterschiff passablen Erfolg verspricht. Und oben am obersten Deck merken sie nicht einmal, dass es anders ist, als sie denken, dass alles von selber geht. Zu sehr sind sie in ihre drastischen Ideologien verstrickt.

Mitten drin, auf mittlerem Deck, hockst du und bist erschrocken, verzweifelt. Oben siehst du sie alle gestikulieren und sich im Kreis bewegen, doch du gehörst nicht dazu. Noch nicht – und wirst du es je? Vielleicht. Aber willst du da überhaupt hin, in diesen giftigen Hexenkessel voll Größenwahn? Vage werfen sie dir Brocken hin, puzzle-artige Zielfragmente, leere Ideen, realitätsfremdes Zeug, was alles nichts mit jener Welt zu tun haben kann, die an deinen Wurzeln drängt. Denn dort, schräg unter dir, siehst du sie rudern, verbissen, mit zielstrebigen Gesichtern, die Hackler vom Dienst, die rudern und rudern und rudern und sich verausgaben für ihr Schiff, um auf selbst erträumtem Erfolgskurs zu bleiben. Der sie dann doch nirgendwo hinbringt, nur dem Untergang entgegen, aus Erschöpfung, aus Ernüchterung, aus innerer Kündigung.

Die Kluft zwischen oben und unten, das Unverständnis, das Nicht-Gehört-Werden, dein Aufstampfen aus Zorn und Bedrängnis, dabei diese gläserne Decke über dir, an der du dir ständig den Kopf anrennst, um jenen droben zu vermitteln, wie es unten wirklich ist, all das kostet dich unerträglich viel Kraft.

Da kreuzt dein Blick jenen deines Chefs, der da oben an der Reling steht und raucht. Nachdenklichkeit steht ihm ins Gesicht geschrieben, ein selten erlebter Moment von Ruhe, die ihn öffnet für deine Sicht, die das Gespür in ihm weckt für die Dissonanz echter und vorgegaukelter Werte. Er sieht dir direkt in die Augen, lange, seine Augen sprechen, doch was sie sagen, erdeutest du nicht. Und doch kehrt er nun zu den anderen zurück.

Schallendes Gelächter wäre deine richtige Wahl, lauthals loslachen über die blinde Sicht der Unternehmensleitung, über das, was Wirklichkeit ist, würde dich entlasten, befreien. Gehen wäre noch besser, einfach hinschmeißen und gehen, losrennen, los schwimmen, ein Raumschiff chartern – jedenfalls nichts wie weg von diesem System, das so stolz auf seinen Untergang ist!

Doch du gehst nicht. Noch ist es nicht soweit. Noch verharrst du und kämpfst für deinen Halt. Für ihren Halt dort in den düsteren Kajüten, wo die Kraft nicht mehr ausreicht, um noch aufzublicken, nach oben hin, um zu erkennen. Für einen Halt, den es nicht geben kann auf einem Schiff, dessen Kopf rigide in den Lüften fliegt.

Doch du kämpfst dennoch. Kämpfst für dein Team, für jene Ruderer, die da rudern und rudern und rudern im rasenden Hamsterrad. Ihr Verdienst ist es, dass diese Galeere über Wasser bleibt – doch wen kümmert das schon? Niemand erkennt das, nicht mal sie selbst. Ohnmacht ergreift dich abermals ob der verächtlichen Haltung des Top-Management-Teams, das nicht würdigt und nicht nachdenkt und nur ignoriert, und das genau diese Menschen niederdrückt, die ihre Bühne bauen, die dieses Schiff bewegen, die ihren Erfolg erringen, die ihre Zukunft sichern.

Du kannst nicht mehr lange zusehen, zu sehr schmerzt dich dieses Ungleichgewicht. Wut brodelt in dir, kocht immer wieder über. Du möchtest die gläserne Decke spren-

gen, in tausend Spiegelscherben schlagen, nach oben auf-
brausen und lauthals brüllen, schreien, schreien, schreien:
Da – seht sie euch an, blendet euch nicht eure Scham?!
Besser, du gehst.

WIR

Gesichter blitzen,
wo Orientierung blüht.
Geschätzt wird dein Tun.

Sonnenlicht blendet.
Da sprudeln blasse Quellen.
Zählt dein Tagewerk?

Ihr Blick fragend dumpf.
In Empörung schluckst du schwer.
Wind stiehlt dein Lachen.

Gerade stehen,
Deine Schultern halten stand.
Kriecht Leere hervor.

Ihr Vertrauen nährt.
Hummeln lieben Lavendel,
steigst hinaus ins Licht.

AUGUST

ICH

Das Leuchten in ihren Augen war es, das mich motivierte, meine Vision zu leben, meine Vorstellung von Führung, wo jeder Mensch als Individuum am wichtigsten war. Genau hinschauen war die Basis, scharf beobachten, Regungen erkennen lernen, Gesichtsausdrücke deuten, um nachzuvollziehen, welchen Gedankenweg der andere beschritt. Eine solche Achtsamkeit ist erlernbar, doch mir war sie seit je her gegeben. Meine gute Erziehung war ein solides Fundament, verinnerlichte Werte lenkten mich, das Wahrhaftige zu suchen, im anderen, in mir selbst. Echt und authentisch schuf ich eine Welt des Friedens, ein Umfeld voller Freundlichkeit und Respekt. Menschen vertrauten sich diesem Kokon an Wärme an, Mitarbeiter*innen fühlten sich darin geborgen.

Lange Zeit verstand ich selbst nicht, was der Kern dieser fruchtbaren Losung war. Über Jahre hinweg führte ich Teams in diesem mir eigenen Stil: zuerst der Mensch und dann erst der Job. Mein Interesse am Einzelnen, an dessen Wohlbefinden, meine Philanthropie, mein aufmerksames Hinschauen und Ernst nehmen, was auch immer sich mir offenbarte, bescherte mir diese Fülle an Vertrauen, das mir von allen Seiten entgegen schwappte, und die Freude, die ich daraus gewann, festigte mein Bewusstsein, das Richtige zu tun.

SIE

Vermutlich werden Sie wissen, wie es sich anfühlt, wenn eine wichtige Arbeit erledigt ist. Das Erfolgserlebnis ist durchdringend, ein Glücksgefühl der besonderen Art, besonders dann, wenn es eine schwierige Herausforderung war. Intrinsisches Engagement und der Wille zum Tun lassen uns im Riesentempo arbeiten. Trotzdem: Die offenen Agenda-Punkte werden nicht weniger, sondern andauernd mehr. Ausgelöst durch unseren tief verwurzelten Wunsch, die Bedürfnisse anderer zu erfüllen und die Dinge auch gut zu machen, gelingt es uns kaum, im richtigen Moment innezuhalten. Unser Bewusstsein erkennt: Wieder einmal ist es zu viel.

Ausschließlich engagierte Menschen rennen in ein Burnout. Und dies bedeutet für sie den großen Fall. Alle haben sie Angst davor, denn es bedeutet den unbedingten Ausstieg, das soziale Bergab, die klassische Isolation. Belächelt oder bedauert werden die, die ihre Grenzen übersehen haben und rasant gealtert sind im engagierten Zugrunde-Richten ihrer selbst.

Und dennoch: Sie – wir – wollen ja leisten, etwas weiterbringen, etwas schaffen, aufbauen, gestalten! Wir *wollen* alles erledigt wissen, wollen alles richtig machen, zum richtigen Zeitpunkt in bestmöglicher Qualität mit allem fertig sein. Zugunsten unserer Kunden, zugunsten unseres Teams, zugunsten unseres Unternehmens, zugunsten unseres Chefs. Dann ist da noch unser Partner, unsere Partnerin, auch sie brauchen unsere Aufmerksamkeit. Und wir selbst kommen zuletzt – was für eine verkehrte Haltung, die uns nichts nützt. Unser Einsatz ist löblich, ist großartig, ist gern gesehen, solche Menschen werden allseits geliebt. Doch es nützt uns nichts. Dann schließlich werden wir krank.

Vermutlich werden Sie wissen, wie es sich anfühlt, wenn es zu viel war – wieder einmal.

Bereits zu Wochenbeginn war klar, dass nur ein Bruchteil des Nötigen machbar sein wird, dass Sie nur mehr improvisieren werden können, um möglichst viel unterzubringen. Aber gleichzeitig wissen Sie schon: Sie werden rennen wie ein Hamster, das Rad auf Hochtouren treiben, um dann erst wieder alles perfekt abzuwickeln, jeden Tag, auf diese eine Stunde mehr im Büro kommt es schließlich auch nicht mehr an. Wenn Sie das wie ich regelmäßig um neunzehn Uhr denken, obwohl Sie bereits seit halb neun bei der Arbeit sind, und sich außer einem raschen Lunch keine Minute Pause gönnten, dann ist es zu viel. Der Drang, all diese Dinge noch fertig zu machen, entsteht aus der Sehnsucht, zumindest danach einen schönen Abend zu haben. Kennen Sie das? Aber dann, wenn wir völlig erschöpft das Bürogebäude verlassen, genießen wir das Erledigt-haben-Gefühl keine Sekunde lang, sondern spüren es eher als Erledigt-sein-Gefühl und hadern spätestens da schon wieder mit der verlorenen Zeit.

Wenn es dann endlich Donnerstag ist, haben Sie vielleicht ein hehres aktualisiertes Ziel: Morgen gehe ich mittags – und das versuchen Sie auch. Allerdings: Der Freitagvormittag wird zum Marathon, Agenden werden im Eilzugtempo in die Zielgerade geschleudert, abgehakt, Multitasking ist scheinbar Ihr Lieblingswort. Um elf Uhr haben Sie fast schon ein Tagewerk vollbracht. Besucher an der Tür sind Störfaktoren, dennoch lächeln und ertragen Sie sie. Und dann geht es weiter, schnell noch dies und schnell noch jenes, aber die Zeiger sind schneller, die Zeit rast Ihnen davon und plötzlich ist es schon dreizehn Uhr. Nur noch eine Stunde und dann bin ich frei. Denken Sie und arbeiten im Zeitraffer gar noch sämtliche E-Mails weg. Ach, und darob vergessen Sie, Ihr Telefon rechtzeitig auf Sprachbox zu schalten, und schon wieder nagelt Sie jemand fest. Sie hätten vielleicht auch einfach nicht abheben können?

Um fünfzehn Uhr sitzen Sie endlich vor Ihrem Lunch, jenen Anruf in Abwesenheit am Mobiltelefon rufen Sie auch noch zurück – und ein neues Thema liegt schon wieder am Tisch.

Wenn wir dann das Lokal wechseln, hastig satt gegessen und schnell auch noch ein paar Einkäufe zusammengerafft, bestellen wir in jener sonnigen, ruhigen, gemütlichen Bar endlich unseren lang ersehnten Kaffee. Und tatsächlich:

Wir schauen fünf Minuten lang in die Luft, wir halten ganz kurz inne. Unvorstellbar: Wir tun plötzlich nichts!

Aber lange schaffen wir das nicht. Denn dann packen wir die Akten aus, die wir säuberlich eingepackt mitgebracht haben, um den Rest des Tages noch Berichte zu lesen, Konzepte durchzuarbeiten, kreativ zu denken und den Ansatz zu finden für eine neue Strategie. Sie blicken auf: Es ist Abend und dämmrig, wir sind nicht ruhig geworden, wir sind nur erschöpft. Vollkommen erschöpft. Aber dafür sind wir heute früher gegangen – ach, welch Selbstbetrug, ach, wie schön. Verzweifelt versuchen Sie durchzuatmen, abzuschalten, dies alles wegzudrängen.

Am Heimweg reizt Sie dann doch noch das Feedback eines Konsulenten, das Sie bereits in Ihrer Email-Box wissen, als Abrundung zum soeben verdauten Akt. Sie lesen und hören und vergleichen und denken und planen und haben schon einen ganz wirren Kopf.

Jetzt reicht es mir aber! Wenigstens den Freitagabend will ich nun endlich für mich und bleibe ewig lange auf. Kann nichts beginnen, kann nicht entspannen, völlig erstarrt verprasse ich diese schöne Zeit. Übermüdet und fix und fertig falle ich nach Mitternacht endlich ins Bett. Macht nichts: Am Samstag kann ich dann endlich lang schlafen, herrlich, wie herrlich, und mit diesem Gedanken schlafe ich ein.

Am nächsten Morgen sind Sie dann um halb acht hellwach. Strategien rasen durch Ihren Kopf, Pläne für Montag früh. Ach ja, denken Sie, da könnte ich ja gleich heute jenen Termin beim Konsulenten festmachen, das geht ja rasch via SMS. Gedanken lähmen Sie, ärgern Sie, Sie wollen doch schlafen, schimpfen Sie sich. Mehr als zwei Stunden lang wälzen Sie sich noch hin und her, währenddessen erwacht ringsum die Stadt zum Leben, und auch die Sonne blitzt schon zum Fenster herein. Ach herrje, jetzt verpassen Sie auch noch einen schönen Tag.

Übermüdet und hadernd raffen Sie sich dann um zehn Uhr schließlich auf, von Ausgeschlafen-Sein keine Spur. Traurig und fassungslos schauen Sie sich um, in Ihrem Zimmer, in Ihrem Leben: Was ist das denn bloß? Ich will doch alles nur richtig machen, denken Sie, zum richtigen Zeitpunkt alles erledigt wissen, meine Kunden optimal betreuen und meinem Team ein guter Vorgesetzter sein!

Unser Einsatz ist löblich, ist großartig, ist gern gesehen, solche Menschen werden allseits geliebt. Doch es nützt uns nichts. Dann schließlich werden wir krank. An diesem Punkt waren wir schon – und gingen weiter. Ausschließlich engagierte Menschen rennen in ein Burnout. Und dies bedeutet für uns den großen Fall.

Kennen Sie die Symptome Ihres Falls? Stecken Sie mitten drin? Wissen Sie, was zu tun ist?

Jene geplante SMS an den Konsulenten hatte ich damals am Mobiltelefon tatsächlich zu schreiben begonnen – mittendrin dann abgebrochen und sie wieder gelöscht. Endlich mal geschafft. Ich bin nicht mehr bereit, diesen Preis zu zahlen, aber Gelingen steht auf einem anderen Blatt. Selbstverständlich kenne ich Tools und Tricks, beachte ich Regeln und wende hilfreiche Methoden an. Und doch lerne ich nur langsam dazu. Zwei Dekaden höchstes Engagement brachten mich mehrmals zum Abgrund, lehrten mich, auf mich achtzugeben, ließen mich wachsen und altern. Ich habe überlebt, das Ruder schließlich herumgerissen.

Und Sie? Wo stehen Sie jetzt? Wenn Sie nur mehr aufgewühlt sind und keine Ruhe finden, dann Grüß-Gott, seien Sie mein Freund. Vielleicht können wir einander spiegeln und gemeinsam das innere Kartenhaus retten.

ER

Du weißt, ein Projekt braucht seine Umsetzungs-Zeit. Nach einer halben Dekade Erfahrung beherrschst du die Eckpfeiler des Projekterfolgs: Team, Inhalte, Kosten, Zeit.

Ein Speisesaal-Zubau steht am Plan, in moderner Ausführung aus Alu und Glas. Doch nun der Haken: Bis Weihnachten soll dieser betriebsfertig sein, von heute gerechnet nur vier Monate Zeit. Sogar der Haken hat noch einen Haken: Für dieses Projekt gibt es noch nicht einmal ein genehmigtes Budget und die Bereitstellung dessen kann sich über Wochen ziehen. Diese Terminvorgabe ist derart unrealistisch, dass sie zunächst wie ein lachhafter Witz erscheint – aber dennoch ist es todernst gemeint. Dein Chef fordert die Speisesaal-Eröffnung trotz aller Einwände stur noch im selben Jahr. Mit Nachdruck erwiderst du: Der Projektleiter wird bis Nachmittag eine Terminabschätzung ausarbeiten und sehen, wie es sich ausgehen kann. Das genügt dem Vorgesetzten nicht, er fordert vehement: Bis Weihnachten hat dies fertig zu sein! Du, mit Nachdruck: Bis Nachmittag werden wir das prüfen. Er, zornig, laut: Sie fügen sich, ich weise Sie an! Böser Blick. Barscher Ton. Dreht sich am Absatz um und geht davon. Vollkommene Stille im Gruppenbüro. Messerscharf fährt dir der Groll durch dein Rückgrat bis zum Scheitel hinauf. Hattest du diese Projektleiter-Gruppe doch erst vor zwei Wochen in deine Führung übernommen. Und nun stehst du brennend da, ausgeschimpft wie ein Kind, kompromittiert vor deinem neuen Team, das Unmögliche als Weisung aufoktroyiert. Wieder fühlst du dich als Frosch im kochenden Wasser. Am Heimweg erwartet dich erneut der freie Fall in die Finsternis deines Nervenkriegs.

Fertig ist das Projekt dann im Mai des Folgejahres geworden. Da interessiert es dich aber längst nicht mehr.

WIR

Randvoll. Meine Erwartungen: Randvoll. Meine Wünsche: Erfüllt. Als Hingabe zu meinem Team. Vertrauen pur. Die Geister fliegen. Dennoch: Angst und Schrecken. Vor dem Gift meines Chefs. Vor der Abkanzelung. Vor seinem herrischen Wort. Vor seiner Demütigung. Oft genug passiert. Ihnen. Mir.

Und dann seine Entschuldigung. Die Schokolade. Als Wieder-gut-mache-Geschenk. Das Gekauft-Werden. Vergebung. Einmal gern, ein zweites Mal. Dann erneut Spott. Seine Häme, die trifft. Und wieder: Es tut ihm leid. Schokolade. Vergebung. Ein drittes Mal schon. Und dann zählt keiner mehr. Erneuter Angriff – Übergriff. Sein mächtiger Zorn. Er meint, er beherrscht. Abwehr und Trotz. Mein eigen böser Blick. Und wieder: Er schreit. Unfair. Erkennt er zu spät. Schokolade, in eine schöne Schachtel bemüht. Zum wievielten Mal? Vergebung? Ach, echt?

Ein Team voller Freude. Sie geben mir Kraft. Sie geben, sie nehmen. Sie nehmen, weil sie brauchen, weil sie ihm standhalten müssen. Irgendwann ausgezehrt. Sind sie. Bin ich.

SEPTEMBER

ICH

Wohl war es eine mutige Haltung, die Stärken dieses jungen Mannes zu fördern, ihnen mehr Bedeutung beizumessen, als den Unternehmenszielen, die mein Team zu bringen hatte. Er war aufmerksam und drängte zu lernen, bislang moderte sein brachliegendes Potenzial vor sich hin. Es war ein Leichtes, sein Interesse zu wecken, seinen Geist zu stärken, ihn zu führen und zu fördern, zu fordern gar, ganz gleich, zu welchem Zweck.

Vernetztes Denken und Strukturen zu schaffen, waren Teil seines Dranges, mehr zu meistern als bloß den täglichen Trott. Der junge Kerl schritt mutig voran, ließ sich lenken, von nichts beirren, lernte schnell und war zunehmend fähig, auf den Wellen zu tanzen. Der Weitblick. Der Ehrgeiz.

Der Wille.

Die Anstrengung.

Die Mühsal.

Der Wahnwitz.

Das Engagement.

Das Ziel.

Die Ziele.

Der Zukunftstraum.

Das Vorwärtskommen.

Das Emporkommen.

Die Freude.

Der Mut.

Das Hirngespinst.

Das Wunder.

Die Durchsetzungskraft.

Das Vorbild.

Das Nachahmen.

Das Hervorbrechen.
Der Widerstand.
Der Wille.
Immer der Wille.
Die Tatkraft.
Die Führung.
Der Mentor.
Der Schöpfer.
Der Kreative.
Der Ehrgeizige.
Der Wollende.
Der Impuls.
Die Ausdauer.
Das Tempo.
Der Erfolg.
Die Anerkennung.
Das Aufbrechen
Das Ausbrechen.
Das Ausufern.
Die Drohung.
Die Macht.
Der Machthabende.
Die Machthabende.
Die Fürsorge.
Die Obhut.
Das Lenken.
Das Vorleben.
Die Geduld.
Das Fordern.
Das Fördern.
Die Beförderung.
Die Hingabe.
Die Ausbeutung.
Der Widerstand.
Die Tapferkeit.
Wieder der Mut.

Der Mutige.
Der Kämpfer.
Das Erreichen.
Das Drängen.
Das Widerspenstige.
Das Reifende.
Das Ziel.
Das Gelingen.
Die Freude.
Die Genugtuung.
Die Furchtlosigkeit.
Der Ausbruch.
Der Neubeginn.
Das Aufbegehren.
Das Desinteresse.
Die Ernüchterung.
Das Kopfschütteln.
Das Innehalten.
Die Zuversicht.
Das Aufstehen.
Der Weitblick.
Der Ehrgeiz.
Der Wille.
Immer der Wille.

Hungrig nach Leben war er, hungrig nach Selbstverwirk-
lichung, mit großem Vertrauen ahmte er mein authentisches
Vorleben nach. Ich unterstützte ihn, so gut ich konnte, und
nichts davon war mir Last. Bei diesem cleveren Hochbe-
gabten war es so einfach, ein Leitwolf zu sein. So mancher
beobachtete, wie er sich davon entwickelte – und letztend-
lich meinem Aufbruch folgt.

SIE

Wenn akkurate Mitarbeiter*innen immer mehr erstarken, erwartet sie zweierlei Weg:

Tatendrang wird von der Geschäftsleitung entweder als Engagement und Identifikation anerkannt, jedenfalls als persönlicher Wachstumsschub. Oder aber das Management ist schwach und argwöhnisch, von starken Persönlichkeiten überrannt zu werden, dann werden die erfolgversprechenden Fähigkeiten einer guten Arbeitskraft als Bedrohung ausgelegt. Spitzt sich die Situation zu und wird das starke Auftreten eines Mitarbeiters als gefährlich empfunden, reagiert die Unternehmensleitung oft feige und findet gar einen triftigen Kündigungsgrund. Wählt ein ängstliches und deshalb angsteinflößendes Management diesen Weg, fähige Aufsteiger*innen einfach loszuwerden, wird dies eines Tages zum Bumerang, wenn alle starken Persönlichkeiten das Handtuch geworfen, alle Triebfedern ihre antreibende Kraft, alle Teams ihre starken Leitbilder verloren und alle Enthusiasten den zermürbten Kolleg*innen Platz gemacht haben. Dann werden die alten Räder im letzten, anhaltenden Schwung noch eine Zeitlang im Leerlauf weiter rollen, schließlich um Gleichgewicht ringend ob ihrer Antriebslosigkeit nur mehr zeitlos bang dahintaumeln und zuletzt ohne Vorwarnung einfach umkippen.

Dann wird die zugehörige Geschäftsleitung große Augen machen und nicht begreifen, dass sie selbst es war, die die Organisation zu Fall gebracht hat, dass sie, um auf zielstrebigem Kurs zu bleiben, starke und fähige Mitarbeiter*innen brauchen hätte sollen.

Diese aber sind längst zu anderer Flagge übergelaufen, dorthin, wo Mut noch als Chance gesehen, wo innerer Antrieb als Erfolgsversprechen anerkannt wird.

Verbannt seien Hochmut und Geringschätzung, hoch lebe Mutter Courage.

ER

Hilflosigkeit macht sich in dir breit, erneut diese Angst vor seiner brüllenden Macht. Seine nahezu schon tägliche Aggression ist weder zu bremsen noch auszuhalten, dir fehlt die Nahrung für Loyalität. Deine Achtung vor ihm schmilzt dahin. Traurig musst du erkennen, dass er nicht begreift, was seinen Bereich zum Erfolg führen kann: Klare Vorgaben, transparente Kommunikation, eindeutige Zuständigkeiten. Sogar der Versuch seines eigenen Vorgesetzten scheitert, als dieser mit dir und Zweien aus deinem Team einen neuen Prozess am Flipchart entwirft. Aber jener, dein Chef, will die gelungene Tatkraft nicht anerkennen und zwingt dich, diesen Wurf als nicht existent zu betrachten. Nicht nur verbietet er dir, es jemals zu verwenden, mehr noch, er macht dich wieder mundtot, befiehlt dir, dich nicht mehr mit seinem eigenen Vorgesetzten auszutauschen. Keinesfalls will er deine Arbeit mit seinem Chef besprochen wissen. Wie dieses absurde Verbot dich lähmt im Denken, welch Schwäche es bezeugt! Dir knicken die Knie. Diese Situation zeigt dir klar, dass sein Vorgesetzter nur deshalb den direkten Weg zu dir sucht, weil er seine Vorgaben durch die dazwischenliegende Führungsebene nicht weitergetragen, jedoch in dir als gut verarbeitet weiß. Jener, der dir seit Jahren wohlgesonnen, Förderer und Fürsprecher ist. Jener, mit dem du nun nicht mehr reden darfst, dessen Input und Anregung du in Schubladen verstecken musst, da dein Chef sich weigert, jeglichen Wissens-Transfer von außen anzuerkennen. Wie ein Burgherr seine Festung schottet auch er seinen Bereich massiv ab. Weil er seine eigenen Schwächen kennt. Was außen liegt, ist Feindgebiet. Zugbrücke hochgezogen und Wächter ans Tor. Wovor hat dein Chef nur solch gewaltige Angst? Hat er Angst, lahmgelegt zu werden, wenn seine Unfähigkeit in der Sache zutage tritt? Hat er Angst, die vermeintliche Treue all seiner Mitarbeiter*innen zu verlieren, wenn er sich nur eine einzige Blöße gibt? Diese falsche Treue, die ohnehin nichts mit authentischer Loyalität zu tun hat, sondern nur jener Furcht entspringt, von ihm niedergemacht oder verstoßen zu werden.

Diese Schweigepflicht ist eine schlimme Hürde, und trotzdem fügst du dich, lebst diesen Gehorsam, zu dem er dich und alle anderen zwingt. Und nun? Du spürst die Augen deiner Mitarbeiter*innen auf dir ruhen, und im Bewusstsein deiner Verantwortung schöpfst du aus dir selbst neue Kraft. Wieder einmal. Deine Reserven leeren sich, leeren sich, leeren sich, leeren sich.

Längst ist dir bewusst, weshalb du zu schweigen hast: Damit seine Inkompetenz, seine Aggression, der Horror seiner Führung, seine Taktik der Einschüchterung nicht nach außen dringen, nicht nach oben, nicht hin zu seinem Vorgesetzten, den er offen verachtet, und vor allem nicht darüber hinaus. Er bangt um seinen Status, um seinen Ruf, um seine Macht. Alle Mittel sind ihm recht, auch der Schreckensdonner, den er pausenlos auf seine Abteilungen niederschmettern lässt. Nach außen hin zugetüncht mit seinem lässigen Charme. Nach innen hin ein furchteinflößender Regent, sein Zepter ist die Drohung. Und niemand wagt, sich zu wehren, aufzubegehren, nicht mehr, auch du nicht, nicht mehr, nicht mehr, du stehst an deinen Grenzen. Abgrund? Stumm und erschrocken blickst du um dich, zu viele Opfer, zu viel Schmerz, zu viel Anarchie. Seine Methode gelingt ihm immer: Einfangen, einschüchtern, unterwerfen, brechen.

Und sein Vorgesetzter ahnt es nur, gibt dir das Gefühl des Erkennens, doch nichts spricht er aus. Er lässt es zu, er lässt ihn regieren. Er lässt dich und dein Team im Machtfeuer brennen. Er blickt dich wohlwollend an, lächelt noch, bevor er schließlich das Unternehmen verlässt. Was bleibt zurück? Du bist im Stich gelassen. Starr bleibst du zurück und schmorst weiter, der Frosch im Kochtopf mit brodelndem Wasser, weder fähig noch bereit hinauszuspringen, zu fliehen, weil der flammende Deckel seiner Macht dich rücksichtslos in den Strudel presst. Wie lange noch? Und immer wieder sagst du dir: Du kannst hingehen, zu seinem Vorgesetzten, zu deinem Mentor, wenn es dir reicht. Du kannst hingehen und reden, reden und aufdecken und euch alle befreien, die ihr euch als Opfer fühlt, die ihr ihn herrisch herrschen lässt, zornig, zügellos, so laut. Du kannst hingehen und klarstellen, um diesen Kerker der Angst zu verraten. Doch du tust es nicht, du tust es nicht. Weil du Verrat verschmähst, weil du ihm, deinem terrorisierenden Chef Loyalität versprochen hast, immer noch Loyalität, die er nicht würdigt, die gar keine ist, die du mit Gehorsam verwechselst, immer noch bist du treu, vor allem aus Angst. Dir graut vor seiner Strafe, die du nicht kennst, du bist gehorsam, zu gut erzogen, erstarrst in Furcht vor seiner Rache, vor dem Purzeln der Streichholzschachtel, zu ohnmächtig bist du, als dass du reden könntest. Irrational ist dieser Alptraum, nicht in Worte zu sperren, wie er euch zusammenschnürt und dir den Atem nimmt –

Himmelundhadernocheinmal, nein, du wirst nicht reden, nicht hingehen und offenbaren, du kannst es nicht, und weißt: Du vertust deine Chance.

WIR

Ach, lieber Vorgesetzter, sei milde!

Gib uns Berge von Arbeit, doch danke uns auch.

Wenn alles glückt.

Lasse uns in Ruhe werken, es wird zu deinem Rufe Lohn.

Gib uns die Chance der langen Leine, wir kommen ohnehin zurück.

Überlege deine Worte, denke gründlich nach und vor allem: Atme zuerst durch.

Alles können wir, nur nichts mehr in deinem Schreigefecht.

Sag es in Ruhe, dann können wir besser hören, sei gerecht!

Ach, lieber Vorgesetzter, sei milde.

Wir haben es verdient.

OKTOBER

ICH

Ich wusste von meinem guten Ruf im Haus. Zuverlässigkeit war meine Tugend, es war mir ein Anliegen, dem Vertrauen von Menschen gerecht zu werden. Ungeachtet, mit wem ich eine Vereinbarung traf, ob mit Vorgesetzten, Teammitgliedern, einem Kollegen oder einer Nutzerin, jedem gegenüber hielt ich Wort. Die stets rechtzeitige Rückmeldung war es, die mich zum verlässlichen Ansprechpartner machte, zum Teamplayer, zur geschätzten Führungskraft. Gehe nie aus einem Meeting, ohne zu klären, wer was bis wann zu erledigen hat. Ich erhielt Aufgaben und delegierte diese im Abteilungs-Jour-Fixe. Und dann sammelte ich die Ergebnisse ein. So bemüht ich war, eigene Zusagen einzuhalten, so vehement war ich auch im Mahnen und Fordern geplanter Aktionen von meinem Team.

Mein Chef musste nie nach Erledigung fragen, ich versah meine Pflichten mit strukturierten Prioritäten und legte Ergebnisse stets pünktlich vor. Und dann erlebte ich manchmal tatsächlich das Wunder, dass mein Vorgesetzter eine Leistung zu würdigen verstand. Da reagierte er dankend mit froher Miene, wenn ich mal wieder meine Tabellen übergab, meine Präsentationen, meine Übersichten, meine Prozess-Ideen. Manchmal hob er mich gegenüber Kollegen positiv hervor und pries meine Arbeit als vorbildlich an. Ich legte die Latte hoch, auch wenn sich andere selten an ihr orientierten. Doch dies brauchte ich nicht.

Mein eigenes Erfolgserlebnis genügte mir. Die Anerkennung meines Chefs in jenen seltenen Momenten war ein hoher Lohn. Von ihm zu hören, dass meine Arbeit gut sei, bedeutete mir damals beschämend viel. Seine Anerkennung zu gewinnen, sein Wohlwollen gar, blieb im Kreise seines Teams eine rare Genugtuung, für die es sich hart zu arbeiten lohnt. Wie wir da noch meinten. Ich wollte gefördert werden, von ihm zu Höherem berufen. Doch meinen Weg bahnte ich mir dann doch ganz allein.

SIE

Das Wesen von Führung ist im Menschen verankert. Es liegt nicht in den Zielen, in den Vorgaben, im strengen Getue des Chefs. Das Führen von Mitarbeiter*innen, so wie ich es verstehe, hat ganz und gar mit der Hingabe zum Individuum zu tun. Sehen Sie sich Ihr Team doch einmal an, jeden Einzelnen von ihnen. Sie alle wollen, zunächst unbedarft, schlicht etwas hervorbringen, etwas schaffen, ein Ziel erreichen – und sie tun das aus innerem Antrieb heraus. Engagement und Leistungsbereitschaft entstehen nicht aus Zwang und Drill, sind nicht die Folge vermeintlichen Pflichtgefühls. Nein: Es ist der intrinsische Drang jedes Menschen, Herausforderungen anzupacken und diese zum Erfolg zu führen. Dieser Wille zum Tun ist ganz natürlich und jedem von uns in die Wiege gelegt. Wie sonst würde ein Kind beginnen zu greifen, zu gehen, zu fragen? Kraft des ureigenen Interesses, der Begierde, sich zu entwickeln und seinen Horizont zu erweitern, ist jeder gesunde Mensch fähig, echte Leistung zu erbringen – und das mit freiem Willen. Prägungen sind es, die bremsen, wie Erfahrungen von mangelnder Wertschätzung, von zu wenig Aufmerksamkeit, aber auch von Verwöhnung oder Spott. Zu geringe Förderung ist es oft, die diese innere Bereitschaft zum Tun beschneidet oder gar ganz verschwinden lässt.

Führen heißt, das überantwortete Personal am richtigen Nerv zu erwischen. Sie alle quasi abzuholen bei ihrer positiven Veranlagung, die in jedem Menschen steckt. Führen bedeutet Einfühlung, um zu begreifen, wo jeder Mitarbeiter einsatzbereit und leistungsfähig ist, wo der Motivations-Punkt liegt, was gerne angenommen oder aber auch abgelehnt wird. Menschen führen erfordert die Auseinandersetzung mit jeder anvertrauten Persönlichkeit, bedeutet die Haltung, auf derselben Augenhöhe deren Stärken anzuschauen, um diesen zur Entfaltung zu verhelfen. Erst dann beginnt der Prozess des Aufgaben-Verteilens, unter dem zumeist so einseitig der Begriff Führung verstanden wird.

Aber erst dann, wenn Sie Klarheit über die Fähigkeiten Ihrer Mitarbeiter*innen haben, erst dann können Aufgaben richtig zugeteilt, erst dann können Resultate erzielt werden, erst dann. Allerdings schlüpfen so viele vermeintliche Führungskräfte erst ab diesem Punkt in ihre Rolle, solche, die sich nur als Anschaffer verstehen, als jemand da oben, der denen da unten sagt, was zu erledigen ist. Noch nicht mal gutes Delegieren trifft den Kern eines gelungenen Managements.

So wie ich den Begriff Führen verstehe, braucht es jemanden, der die Herangehensweise vorlebt, der Motivation zutage zu fördern versteht in einzelnen anderen, die dann von sich aus in die Bresche springen und bereit sind anzupacken, um ein gemeinsames Ziel zu erreichen. Führen hat für mich in erster Linie mit der Gabe zu tun, Menschen in Demut begegnen zu können, auf dass sie eigenständig handeln und voller Engagement mit ihrer Lernaufgabe beginnen. Führen braucht große Achtsamkeit gegenüber dem menschlichen Potenzial.

DU

Du weißt: Alles Leben ist Veränderung, und du handelst danach, gibst dir die größte Mühe. Doch du weißt auch, dass es in einem Konzern viele Sichtweisen gibt. Eine Organisation kann nach verschiedensten Gesichtspunkten und Prioritäten ausgerichtet werden. So lag der Fokus der letzten Jahre in der Bewältigung der außergewöhnlichen Projektlawine. Alle verfügbaren Ressourcen werden hierfür mobilisiert, später sogar standortübergreifend in einer Abteilung vereint, damit jedwede Synergie genützt werden kann. Und du bist jene, die dieses Team zu leiten hat. Anstehende Projekte zu meistern war oberstes Gebot. Eine ehrenvolle Aufgabe, ein Zeichen von Vertrauen in deine Fähigkeit, eine Auszeichnung, eine Beförderung.

Bereits viele Narben hat deine Seele da, gezeichnet bist du ob zehrender Druckspiralen-Achterbahn, die du in den letzten Jahren erduldet hast. Du glaubst nicht so richtig an die neue Strategie, fühlst dich oft einfallslos und auch schon zu schwach, deine althergebrachte Haltung wieder zum Blühen zu bringen. Diese neuerlich schroff kommunizierte, weitreichende Umorganisation prallt an dir ab, wo du doch stolz sein könntest auf deinen Karriere-Schritt, nun für all diese Projektleiter*innen die Führung zu übernehmen, die einst deine Kolleg*innen waren, du Teil von ihnen warst.

Doch eine tiefe Gleichgültigkeit peitscht dich hinfort.

Du weißt um die Stärken deiner Team-Mitglieder, du spürst deren Willen, deren Trotz. Aber dein Wesen hat sich zäh verabschiedet, will nicht mehr durchstarten, kann es nicht mehr. Längst bist du nicht mehr so ganz bei der Sache. Du glaubst nicht mehr an deine eigene Kraft.

Und dann meinst du plötzlich, keine andere Wahl zu haben, raffst dann doch deine Energiereserven zusammen, strengst dich unglaublich an, hebelst allen inneren Widerstand aus. Gerader Rücken, erhobenes Haupt, durchstarten. Schließlich gelingt es dir erneut, sie alle anzuleiten mit deinem bestmöglichen, kräfteraubenden, erfolgversprechenden kooperativen Stil, du gewinnst sie, motivierst sie – und wieder – trotzdem – hast du es geschafft. Unglaublich.

Nach all den Jahren Management in der Routine trifft dich nun mit voller Wucht der hohe Anspruch, den eine

Projektleitungs-Gruppe an ihren Vorgesetzten stellt. Mit großem Einsatz versuchst du zu entsprechen, machst Lücken mit deinen Stärken wett. Erfahrung ist dein Trumpf. Ein Jahr der Hingabe, fast ein Jahr Akzeptanz, und schon folgt ein neuer Lohn: Auch die Projektleiter*innen des anderen Standortes werden da offiziell deiner Obhut anvertraut. Nach außen hin lebst du wohl eine Erfolgsstory, zeigst dich mutig, fast galant.

Innerlich allerdings ringst du um Kraft, um Motivation, um Energienachschub, um schieres mentales Überleben. Suchst du konzentriert nach jener Atempause, um aussteigen zu können, lechzt nach jenem würdevollen Schluss, auf den du achtzehn harte Monate lang zu warten hast. Und da – endlich – tut sich deine Zukunft auf.

Im Konzern geschieht dann zuletzt erneut eine unfassbare Wendung, die nächste vermaledeite Umorganisation stülpt sich dir plötzlich über, um dir jene Stellung wieder zu rauben, die du erlangt, dir in diesem letzten Jahr erarbeitet hast. Dein Vorgesetzter wird nun deine Verantwortung über jenes Doppel-Projekt-Team wieder zerpflücken, knallt dir diese Entscheidung – gefälligst ohne Widerrede – auf den Tisch. Du bist schockiert. Verteidigst deine Organisation dennoch nicht. Bist schockiert. Lässt trotzdem geschehen. Schockiert. Stehst ohnehin kurz vor dem Absprung. Teilst die Haltung deiner Geschäftsleitung nicht, längst nicht mehr. Nutzt deine Abwehr innerlich als Argument für deinen ganz persönlichen neuen Weg. Ruhig und schweigend fasst du deine Einsicht zusammen: Noch fünf Wochen zuvor wurdest du gestärkt in deiner Rolle, hat das Management dir zwei Teamleiter zugesagt, auf dass du deine Abteilung endlich konsolidieren könnest, vier Jahre schon ist dies dein inständiges Begehr. Und nun soll dein Projekt-Team wieder zerrissen werden, auseinanderdividiert, anderen Abteilungen zugeordnet – und deine forcierte Führungsarbeit wird schon wieder zur Farce.

Innerlich kannst du nicht mehr aufhören, den Kopf zu schütteln, längst bist du fertig mit dieser menschenverachtenden Unternehmenskultur. Nur noch Tage wird es nun dauern, bis du abspringen wirst. Du rettest dich selbst, deine Tür steht schon offen: Eine andere Welt erwartet dich.

Doch was wird aus deinen Leuten wohl werden, gerade erst zusammengewürfelt, und jetzt schon wieder getrennt? Begreift denn niemand dort droben, wie die Erfolgs-Weichen gestellt werden, dass gute Leistung nur aus Motivation entspringt? Begreifen sie nicht, dass mit all den Umorganisationen Menschen entwurzelt werden, ins Ungewisse geschickt, Verunsicherung und Lähmung ausgesetzt? Begreifen sie nicht, dass jemand, der innerhalb von zwei Jahren nun den siebenten Chef bekommt, es nicht zynisch meint, wenn er sagt, er wisse nicht mehr, wohin er gehört? Begreifen sie nicht, dass die Arbeitsmoral jenes jungen Mannes nicht deshalb in den Abgrund stürzt, weil er faul oder trotzig wäre, wie sie meinen, sondern, weil ihm tatsächlich der Überblick fehlt, abhandengekommen ist? Der Überblick über nötige Strukturen, die ihm Halt böten, woran er sich orientieren könnte, um die Routine des Alltags zu meistern. Doch sie schimpfen ihn Querulant, wo er doch nur hilflos ist, sie sperren ihn weg, sodass er nur verwirrt im täglichen Job dahintreiben kann, seine Arbeitsmüdigkeit ist ihm selbst eine Qual. Er weiß ja nicht mehr, welche Vorgaben gelten, und schon gar nicht ist ihm klar, wem er glauben soll. Nun stoßen sie ihn in den nächsten bodenlosen Raum, schicken ihn zur neuen Vorgesetzten, verwerfen abermals seine mühsam errungene Stabilität. Wie Möbelstücke werden die wertvollen Mitarbeiter*innen auf dem Organisationsplan hin- und hergeschoben, ohne dass sie wahrgenommen würden, ohne dass sie gefragt würden, wie es am besten funktioniert. Herumgeschubst wissen die Betroffenen nicht mehr, welcher Gruppe sie zugehörig sind und wie die Freude in ihrer Arbeit heißt, die früher in ihren Teams doch vorhanden war. Die

Wahrheit ist: Teams gibt es nicht mehr. Sie werden solange aufgebrochen und in ihre Bestandteile zerlegt, bis die einzelne Mitarbeiter-Figur auf dem Schachbrett der Geschäftsleitung nur mehr deren gewitzten Zügen dient. Jeder Kegel ist ausgeliefert, untersteht willkürlich der Laune des Spielers, des Chefs. Manchmal wird die Figur weit weg verschoben, manchmal muss sie einen anderen schlagen, manchmal wird sie selbst hinausgeworfen oder in die Verbannung geschickt. Jede Spielfigur ist vogelfrei und weiß nicht, was als Nächstes geschieht. Die sogenannten Meister spielen hämisch ihr Spiel, jeder Zug dient dem persönlichen Vorteil, die Figuren werden entseelt und dienen nur einem einzigen Zweck: Dass der weiße oder schwarze Macher siegt, egal, was es kostet, egal, was es bringt. Wie viele Figuren er auch einzubüßen hat: Zuletzt zählt nur der messbare Erfolg, der letzte schlagende Zug, der vermeintliche Triumph – ungeachtet seiner Opfer. An einem neuen Tag ist ein solcher Spieler oft sogar selbst plötzlich schachmatt.

Betroffen stehst du da und musst mit ansehen, wie die Geschäftsleitung ihr Macht-Schach spielt, und manchmal wirst gar auch du selbst herausgefordert. Doch du verlierst. Du verlierst immer: Mal deine Team-Mitglieder, mal deinen Selbstwert, mal deine Achtung vor deinem Gegenüber, mal deinen Ruf. Du willst dieses Spiel nicht spielen, denn du siehst ständig der Figuren Gesicht: Ihre Abwehr, ihren Zorn, ihren Hader, ihre Hoffnungslosigkeit, ihre Verwirrung, ihre Auflehnung, ihren Schmerz. Bis ihr Wille gebrochen ist. Anders könnten sie nicht überleben auf dem Schauplatz ihres Jobs. Fahnenflucht ist nicht möglich, denn der Lohnzettel zwingt sie zurück.

Dann steht er dir wieder gegenüber, jener junge Mann, dessen zweite und vierte Chefin du warst, und sieht dich treuherzig, wehmütig an. Er habe immer gewusst, was zu tun sei, sagt er dir, und seine Aufgaben hätten sich all die Jahre nicht verändert, an welche Abteilungsleitung auch immer er berichtet hat. Und leise gesteht er dir ein, dass ihn lange schon eine starke, ohnmächtige Müdigkeit verschlingt. Wen wundert es, dass er den Zorn seiner nun schon wieder neuen Vorgesetzten, einer aufstrebenden Kollegin, auf sich zieht, weil er bloß noch funktioniert. Weil er keinen extra Handgriff mehr schafft, kein Wort zu viel mehr über die Lippen bringt, kein engagierter Blick mehr über sein Umfeld streift.

Nach all diesen Jahren siehst du ihn an und latenter Groll wallt wieder in dir auf: Eure gedankenlose, asoziale Konzernstrategie war es, die seine Energie gefressen hat. Und jetzt wundert ihr euch, dass er inzwischen tatsächlich das bewegungslose, seelenlose Möbelstück geworden ist, zu dem ihr ihn verstümmelt habt? Du siehst dem jungen Mann in die Augen und scharf trifft dich seine Resignation. Voller Scham schlägst du die Lider nieder.

WIR

Seine letzte Attacke prallt bei mir ab. Ich erinnere mich an keinen Inhalt. Nur an meine Frage: *Herr Chef, haben Sie den schönen bunten Baum da draußen schon gesehen?*

Denn es ist Herbst. Er wendet den Kopf. Er betrachtet ihn kurz, diesen Baum.

Er blickt mich wieder an und fragt: *Ja, und?*

Ich dachte, ich gebe Ihnen auf Ihren Kommentar eine freundliche Antwort, meine Erwiderung.

Ein jähes Schmunzeln durchzuckt sekundenlang die Mienen meiner Kolleg*innen.

Höchste Irritation hingegen in seinem Gesicht. Sein Spott weicht einem sprachlosen Blick. Er schweigt. Er lässt von mir ab.

Lange Zeit greift er mich nicht wieder an.

NOVEMBER

ICH

Mein täglicher Morgenrundgang wirkte wahre Wunder. Einmal bei jedem kurz vorbeigeschaut, ein paar Worte gewechselt, ein paar Fragen gestellt, und die Gesichter blühten auf. Erst im Rückblick, als ich schon nicht mehr deren Führungskraft war, wurde mir klar, welch positive Wirkung diese simple morgendliche Begrüßung hatte. Es schien meine pure Aufmerksamkeit zu sein, die sie brauchten, meine Bereitwilligkeit zuzuhören, mein Interesse an ihren Anliegen, an ihrem Sein. Sie würdigten meinen Morgengruß mit einem Lächeln, mit freundlicher Erwiderung, mit Einsatz, mit Wertschätzung, mit Ernsthaftigkeit. Sie zeigten mir, dass sie es mochten, von mir geführt zu werden – dankbar ging ich diesen starken Weg.

SIE

Heute liegt der Unterschied klar auf der Hand.

Früher meint das Leben in jener geschlossenen Konzernwelt, die Aufgabenflut brach nie ab, der nötige Zeiteinsatz war enorm.

Heute meint das Wirken in einer aufgeschlossenen, offenen Kultur. Auch heute wartet viel Arbeit, die getan werden will, die Aufgabenliste ist auch in dieser Welt lang.

Und der Unterschied?

Früher war oft bereits vor Erledigung von Handlungsschritten klar, dass das Ergebnis weder gebraucht noch verwertet werden kann. Denn die Strategie wurde verändert, sobald die Aufgabe durchgestartet war. Nur allzu oft galt es, mit vollem Bewusstsein ins Leere zu zielen und das gar mit gebündelter Kraft. Heute kann etwas angepackt und ohne Kurskorrektur oder Unterbrechung zu Ende geführt werden, und das Ergebnis macht auf jeden Fall Sinn.

Der Unterschied liegt also nicht in der Aufgabe selbst, nicht in der Workload-Menge, nicht in der Art der Abwicklung oder im Aufwand des Themas selbst. Nein, der Unterschied liegt einzig im Sinn dieses Tuns. Wo früher eine Tätigkeit real oft ein Vielfaches an Zeit und Energie verschlungen hat, ob all der ständigen Strategieänderungen oder wechselnden Prioritäten, so ist heute ein gleichartiges Arbeitspaket, das ursächlich den gleichen Aufwand verlangt, plötzlich unglaublich Ruck-Zuck getan.

Weil klar ist, wo der Sinn liegt, wie das Ziel aussieht, was das Ergebnis sein soll. Wohingegen damals der mächtige, oft korrupte Organisations-Apparat alle gesetzten und vermeintlich erreichten Ziele sowie vorgelegten Ergebnisse oft gleich in Bausch und Bogen vernichtet hat.

Die Verstrickung früherer organisatorischer Einheiten blieb so undurchsichtig, wie die Machtkämpfe im Management kraftraubend waren. Sodass diese Komplexität und Konfusion stets ausartete in Verwirrung ahnungsloser Versuche zu herrschende wegpriorisierte Dringlichkeit, nein, nach hinten verschoben, doch jetzt schon Ressourcenkampf atemlose Überzeugung, Druck ausharrend und dann doch endlich Angst geschafft aber wofür, ach welch Ohnmacht, dass alle mit Anstrengung erbrachten guten Ergebnisse einfach übersehen wurden.

Heute pulsiert die Energie vom ersten Auftrag bis zur Fertigstellung, und diese Art zu arbeiten ist ungemein erfüllend, gesundend, erfreulich und erleichternd – und was ist der Unterschied? Heute macht das Arbeiten Sinn.

DU

Wenn du wieder aufwachst aus diesem Dunkel, hast du erneut ein Stück Leben verpasst. Im Schatten der Arbeit, im finsteren Tun, im Winkel der Ernüchterung, im rasend schwarzen Hamsterrad bis zum Fall in das zerfressende Loch. Kopfüber stürzt du hinein und merkst es nicht einmal gleich. Zu Beginn, am Ursprung deines ersten Schritts ist da Motivation, Engagement, es fühlt sich an wie erhabener Schwung. Dann verändert sich die Welt, Rahmenbedingungen werden neu aufgemischt. Und plötzlich steckst du mitten drin, im Dickicht offener Tasks. Arbeitsberge wachsen und warten auf dich. Du beschleunigst dein Tempo, du hechelst hinterher. Er fühlt sich nicht mehr gut an, dein Alltag, du ruderst und rotierst. Und noch ehe du es selbst begreifst, bist du schaurig vom Dunkel umgeben, nur dein Job steht noch grell im Licht. Alles andere schiebst du weg, vernachlässigst du, wehrst du ab. Du willst es gut machen, bewältigen, willst es zu Ende bringen, abschließen bis zum letzten Komma, bis du darunter dein Hakerl setzen kannst. Und viel zu spät wird dir wieder einmal klar, dass es kein Ende gibt, du keines siehst, aus Arbeitstürmen sind riesige Wolkenkratzer geworden, die du abstützen musst, festhalten, hochstemmen, weil sonst alles über dir zusammenbricht. Die vollkommene Verausgabung ist dein krankes Fundament, schmerzende weiche Knie, die Fußsohlen eiskalt und wund. So fühlt es sich an. Wie in einem finsteren Keller, abgekoppelt von Leben und Sonnenlicht. In welcher Ecke hockt dein Mut?

Nur inneres Stöhnen bringst du heraus. Du beißt die Zähne zusammen, willst nur noch hier durch. Doch im Dunkel kannst du nicht sehen, hast den Weg verloren und schon wieder dein Ziel – wieder verloren dein notwendiges Ziel. Nur eines weißt du: Das erledigen und das erledigen und das erledigen und das erledigen und das und das und das und das und das und das ... Das Abarbeiten Millionen offener Punkte gibt dir vermeintlichen Sinn, vermeintliche Erfolgserlebnisse, vermeintliche Stabilität, ja, vermeintlichen Halt. Du greifst danach und das Ruder bricht. Fühlst dich betrogen und laut seufzt du auf.

Was sonst kannst du tun?

Schon wieder Wochen, vielleicht gar Monate sind verstrichen und du arbeitest immer noch, pausenlos und verbissen. Es geschieht etwas – jetzt. Jetzt stülpt es sich um. Plötzlich schläfst du nicht mehr. Und bist grenzenlos müde. Plötzlich hast du Magenschmerzen. Und keinen Hunger, kannst nicht essen, nichts willst du mehr hinunterschlucken. Plötzlich realisierst du, dass ausruhen, abschalten, entspannen – Fremdwörter sind. Verbannt aus deinem Leben. Verbrannt in deinem Inneren. Hast du Angst?

Du weißt, wenn deine Knie einknicken, war alles umsonst. Also machst du weiter. Kein Exit sichtbar im Hamsterrad. Seitlich wegkippen wäre eine Versuchung, doch du glaubst, dass du dann bodenlos fällst. Kannst du zwei Minuten innehalten und nachdenken, was du brauchst? Wie nur Halt gewinnen? Dein Leben rast an dir vorüber.

WIR

Unterbrechen und atmen.

Einatmen. Ausatmen. Langsame Handbewegung, um ein Haar aus der Stirn zu streichen, ein kleiner Schritt Richtung Fenster, ein weiter Blick ins Nichts.

Empfohlen zur Wahrung der persönlichen Balance.

Wie viele Menschen kenne ich, die rackern und roboten, hackeln und rennen, zappeln und nicht aufhören, immer gleich das Nächste zu tun?

So viele kenne ich und mich selbst. Zu viele.

Unterbrechen und atmen?

Blütenduft. Sonnenschein. Vögel im Wind. Horizont, so weit.

Ach! Fremdwörter.

Keine Zeit. Geht nicht.

Versuche es! Geht nicht.

Doch – ich verstehe dich, wenn du dies beiseiteschiebst, der Arbeit zuliebe.

Das *Yonder*-Ghetto siegt.

DEZEMBER

ICH

Aufgeregt war ich vor jener ersten Begegnung mit meinem allerersten Team. Mein Chef war wohlwollend und euphorisch, festen Schrittes ging er voran. Die Stiege hinunter zum Besprechungsraum, wo wir die gesamte Mannschaft versammelt wussten. Dort harrten sie ihres neuen Vorgesetzten, ohne bereits zu wissen, wer denn das sei. Beherzt schritt ich aufrecht hinterher, mit geradem Rücken und straffen Schultern, mir meiner Rolle bewusst, meiner nigelnagelneuen Funktion als Führungskraft, hatte ich doch erst am selben Tag den Transfer-Vertrag unterschrieben.

Vor geschlossener Tür hielt er nochmals kurz inne, mein neuer Chef, und zwinkerte mir aufmunternd zu, bevor er die Tür aufriss und damit das Gerede und Murmeln im Raum abrupt zum Schweigen brachte. Doch ging er nicht sofort hinein. Groß und mächtig verharrte er im Türrahmen mit seiner massigen Gestalt und füllte diesen vollends aus, sodass niemand mich gleich sehen konnte, die ich doch noch draußen stand. Absichtlich steigerte er die Spannung und genoss sichtlich diesen Moment, bis er lachend zur Seite trat, mir damit den Weg und alle Blicke auf mich freigab. Ich trat in den Raum und stand ihnen gegenüber, jenen, die mich so treu begleiten werden.

Der erste Moment war ein Gewinn, ja, ein innerer Sieg. Sah alle Augen auf mich gerichtet. Ein erfreutes Raunen ging durch den Raum. Gesichter erhellten sich, viele strahlten mich an. Denn so manche von ihnen kannten mich bereits aus meiner Projektarbeit Jahre zuvor. Welch ein erhabenes Gefühl: Ich hatte es geschafft! Zuversichtlich hatte ich vom eigenen Team geträumt, und nun wurde mein Drang Wirklichkeit. Wärme pulsierte in meiner Seele, als ich meine kleine Rede hielt. Nur lachende Augen, positives Nicken, Zustimmung und Wohlwollen begegneten mir – ich war willkommen und wusste es. Freude.

Von diesem allerersten Moment an als Vorgesetzter nahm ich meine Sache sehr ernst. Nie mehr danach wurde mein Rücken in dieser Rolle schwach ob der Last, die auf mir ruhen würde. Ich hatte sie alle getragen, durch meine Zeit hindurch, die ich sie zu führen hatte. Niemals hatte ich meine Verantwortung über Bord geworfen, niemals die Bürde gescheut. In diesen ersten Momenten spürte ich: Ja, ich will es, ich will sie führen. Und gab ihnen, ohne Worte, ein inneres Versprechen: Ich werde euch den Weg bereiten.

Und bat mich selbst um Langmut und Kraft.

Dieser Augenblick war eine folgenschwere Weiche in meinem Sein. Ehrfurchtsvoll blickte ich in die Zukunft: Ich werde Verantwortung übernehmen für Menschen, die mir von Anbeginn ihr Vertrauen schenkten. Ja, ich fühlte mich dazu berufen, obwohl die Sicherheit erst viel später kam. Doch der Anfang war geglückt: Sie hießen mich in ihrem Kreis willkommen. Ach, wie froh war ich da!

SIE

Die Stärken eines Mitarbeiters zu entdecken, erfordert höchstes Einfühlungsvermögen und auch den Willen dazu. Eine Aufgabe sei nicht jenem delegiert, der gerade Zeit, sondern jenem, der beste Voraussetzungen dafür hat. Um so wichtiger ist es also, darauf zu achten, wie das Team intern aufgestellt ist. Dies ist nichts Neues – und trotzdem bleibt es zu wenig gelebt. Wenn ein Mensch genau jenen Platz in einer Organisation einnehmen kann, für den er die optimalen Fähigkeiten und dadurch Begeisterungsfähigkeit mitbringt, wird dies für beide Seiten befruchtend sein.

Spannend ist auch die Beobachtung, welche Persönlichkeiten hier zusammenkommen: Braucht eine Mitarbeiterin Freiraum oder Anleitung? Will ein anderer beides, mal so und mal so? Strebt eine Arbeitskraft die Möglichkeit zur Veränderung an oder bevorzugt sie Stabilität? Vielleicht eine gute Balance davon? Braucht ein Mitarbeiter Ruhe und Rückzugsmöglichkeit oder funktioniert er am besten interaktiv?

Auf solche Bedürfnisse einzugehen, hält eine ernsthafte Führungskraft stets ordentlich auf Trab, um mit individuellen Lösungen ein optimales Team aufzubauen. Dem Chef wird sehr viel Geschick abverlangt, wenn er wie ein Kutscher die zahlreichen Zügel spannt oder loslässt, herumreißt oder gelassen schwingt. Der Vorgesetzte ist es, der ein unglaublich hohes Maß an Sensitivität benötigt, um das Unterfangen „Menschen führen" in geschmeidigen Fluss zu verwandeln, einem Orchesterstück gleich, taktvoll und mit Schwung. Der Vorgesetzte ist es, der all seine Team-Mitglieder aufblühen oder deren Talente brach liegen lässt. Der Vorgesetzte ist es, der mit dem richtigen Gehör und Gespür für die Anliegen seines Personals dieses zu motivierten, eigenständigen, fröhlichen und leistungsstarken Menschen macht.

Ja. Und der Vorgesetzte ist es, der die Kraft und Energie aufbringen muss, um diese Rahmenbedingungen zu schaffen. Denn Führen ist eine höchst fordernde Aufgabe, die Demut und Rückgrat verlangt, und nichts zu tun hat mit Herablassung oder Machtbeweis.

Andere anleiten gelingt nur, wenn jeder Mensch im Team ernst genommen wird und der Chef auf ihrer Augenhöhe spricht. Nur dann kann sich ein Vorgesetzter sicher sein, dass der Mitarbeiter vertrauen und seine Stärken entfalten kann, um diese auch einzusetzen, wo er sich als Individuum geachtet fühlt. Unter dieser Voraussetzung wird jede Arbeitskraft ihre intrinsischen Fähigkeiten ausleben, eine Aufgabe vorantreiben und voll innerer Freude bei der

Sache sein. Erfolg ist vorgezeichnet, es gibt keine bessere Basis dafür. Das Hervorbringen von Ergebnissen, dieses Zustandebringen macht den Menschen glücklich und bereit für die nächste Herausforderung. Dann lohnt sich plötzlich aller Einsatz – die eigene harte Arbeit bekommt einen sichtbaren Wert.

ER

Einmal wagst du, strikt Nein zu sagen. Und ziehst dir damit seinen Groll auf dich. Noch eine Maßnahme wäre umzusetzen vor dem bevorstehenden Jahreswechsel, schon wieder eine weitere, die den vorangegangenen Zusatz-Aufgaben folgen soll. Dein Team ist stark ausgelastet, deine Mitarbeiter*innen winden sich bereits im Dickicht ihrer mäanderhaft strömenden wildbachüberschwemmenden nochnichtgenugtrotzdempackenwirsanlähmenden Arbeitslast. Nicht diese eine neue Maßnahme sprengt deine Grenzen, nein, diese eine wäre wohl noch zu schaffen. Jenes erdrückende Gefühl ist es, das dich Nein sagen lässt: Dass es nie genug sein, nie aufhören, es spastisch an neuen Aufgaben prasseln würde, bis die Gesichter zucken und auch die Räume ertrinken, ohne dass jemand im strategischen Management darauf achtet, ob es bewältigbar ist oder nicht. Die Ohnmacht würgt dich, dass es niemals genügt, dass unkontrolliert immer wieder Neues hereinbrechen kann, dass alles umzusetzen ist, was er von oben herunterdirigiert, egal, wie viel es ist, egal, wie viel zusätzlich, egal, wie du es machst oder wie deine Leute, egal, was du dazu zu sagen hast. Es zählt nicht.

Es zählt keine Ressourcenplanung, es zählt keine Auslastung, keine Überlastung, es zählt nicht die personelle Kapazität. Das Personal hat anzunehmen und zu funktionieren, auch du. Auch du hast abzunicken, was auch im mer dein Chef dir hinwirft mit barscher Haltung: Machen Sie. In deinen Ohren klingt es wie: Friss oder stirb. Aber du kannst nicht mehr fressen, geschmacklos und ungenießbar ist dies banquet d'horreur.

Erstmals bietest du deinem Chef mutig die Stirn und lehnst also die neuerliche Zusatz-Maßnahme ab. Welch Hohn am System! Böse lässt er dich stehen und delegiert jene anstehende Arbeit an seine Assistentin, anstatt dich anzuhören, was du als Begründung zu sagen hast. Auch er erklärt dir nichts. Er weiht dich nicht ein in seinen eigenen Druck, dass auch er von der Geschäftsleitung aufgefordert ist, noch in diesem Jahr hohe Budgetsummen in Projekte zu binden. Budget, das heuer noch verfügbar ist, einer unzureichenden Planung zufolge. Doch was nützt jede Planung, wenn die Aufgaben am Ende doch nur aktionistisch aufoktroyiert werden, angeschafft, zur Not auch mit Drohung und Zwang. Und wenn du dich dennoch weigerst, wie du es gerade versuchst, wirst du mit Groll geächtet, mit Entzug von Respekt und mit Rüge bestraft. Wüsstest du da bloß schon, dass dies nur Einschüchterung ist, dass er dich zwingen will, seinen Willen zu leben. Aber du lehnst dich auf in deinem inneren Drang, sagst also Nein und musst das erste Mal hautnah spüren, dass ein Nein nicht ausgesprochen werden darf in diesem Konzern. Dass du gefügig sein musst, gnadenlos wie alle über dir, rücksichtslos wie dein Chef, immun gegen die Bedürfnisse deiner Mitarbeiter*innen, dies wäre dein Gebot, so solltest du sein.

Du schürst Herablassung auf deine menschliche Haltung und erntest Aggression ob deines Mutes, dich aufzulehnen. Die gesamte restliche Zeit dort wird dir dein Chef in Erinnerung rufen, dass ein Nein ungehörig und eines Managers unwürdig ist. Ab diesem Zeitpunkt wird dich sein strenger Tadel verfolgen und dir die Luft nehmen, zunehmend, sein erhobener Zeigefinger wird dir zum Verfolgungswahn, lange Zeit, sogar noch Jahre danach.

In einem solchen Unternehmen ist Team-Orientierung verpönt. Das einzige, was zählt, was dirigiert, ist die Ziele-Erreichung, der Meilenstein, ist der Aktienkurs, ist das Geld. Von dir wird Ehrgeiz erwartet und hundertprozentiger Einsatz, dem Unternehmenserfolg zu dienen, Personal-Fürsorge hat dort keinen Platz.

Diese absolute Wahrheit wirst du erst viel später begreifen, jetzt noch fühlst du dich verhöhnt und gekränkt, dass dein doch so erfolgreicher, so wertvoller, so gewinnbringender Führungsstil nichts weiter erntet als Ächtung und Spott. Verletzt und ratlos schaust du auf dieses System, wovon du ein großartiger Teil geworden bist, das sich auf der Kehrseite jedoch immer menschenverachtender und deiner unwürdig entpuppt. Nie zuvor hast du solcherart Konflikt verspürt zwischen deiner Vision einer menschenfördernden, motivierenden, transparenten Führung – die dich so erfolgreich macht, da dein Team doch munter und leistungsorientiert beweist, dass es geht – und jenen Befehlen deines Chefs, der dir ständig die Konzern-Ideologien antrainieren will. Atemlos kämpfst du, dir Gehör zu verschaffen, doch keine Chance: Niemand hört zu.

Grübelnd und still geworden gehst du weiter deinen Weg. Die Kluft wird größer, die Einsicht auch. Vor dir tut sich ein riesiger Abgrund auf: Dieses Unternehmen hat kein Interesse an seinen Employees, es sind bloß Headcounts, sonst zählen sie nichts. Deine Treue beginnt zu schwanken. Enttäuschung und Zorn beginnen dich zu füllen, werden im Laufe der Zeit unermesslich in dir wachsen, bis deine Loyalität völlig zerbricht und du in einer vernichtenden Schlacht erwachst. Und erst zuletzt entkommst du dem Wahn, verwundet, krank und verstört.

WIR

Edles Treppenhaus –
wie vertraut du mir nun bist!
Warm ist jetzt mein Herz.

Lädt zum Schauen ein.
Durch meinen besonnten Raum:
Farbenpracht leuchtet.

Weh, Erinnerung!
Ein Keim duckt sich durch den Hohn.
Werte erstarken.

JÄNNER

ICH

Verheißungsvoll stand ich an der Schwelle zu jenen Gemäuern, in denen ich Karriere machen würde, doch das wusste ich da noch nicht. Einen Job wollte ich nur, einen neuen, mich verändern wollte ich, für eine Zeitlang zunächst, um auf andere Schienen zu kommen. Wie sehr ich diese Weichen bald liebte, in welch unerwartete Richtung mein Weg mich verschlug, mit welch rasendem Tempo zum Schluss – all das wird noch mit glühendem Herzen zu erleben sein. Jetzt stand ich mal da, ruhig, unschuldig, unvoreingenommen, unversehrt noch und höchst motiviert, und startete durch mit diesen Projekten, die eine geraume Zeit meine Leidenschaft wurden. Der Anfang gelang gut nach ersten holprigen Hürden, sehr bald durchschaute und kriegte ich hin, worauf es ankam, ein Projekt erfolgreich ins Ziel zu geleiten.

Inmitten eines statischen Teams schlug ich für einige Jahre Wurzeln, trotz allerlei Turbulenzen blieb mein Elan hell entfacht. Ich meisterte meine Arbeit, eroberte einen guten Ruf, gehörte schließlich dazu und wurde fixes Mitglied dieses fröhlichen Projektleitergespanns. Willkommen im kollegialen Kreis, gut aufgehoben mitten drin. Bis ich erneut an einer Schwelle zur Veränderung stand, wo mich dann das erhebende Gefühl erwartete, zum Manager befördert zu sein. Stolz und mit geröteten Wangen blickte ich meiner Zukunft entgegen, in Treue dies Unternehmen bejahend glühte ich angesichts dieser Chance, dieses Lohns. Eng schon fühlte ich mich diesen Räumen verbunden, diesen Menschen, die mir so wohlwollend begegnet waren, meine Treue war neu besiegelt, ich liebte meinen Job.

SIE

Wer seine Zeit im Griff hat, gut organisiert ist, strukturiert und vernetzt denken kann, passt wunderbar in einen Konzern. Dort sind die Arbeitstage durch getaktet, ein Projekt jagt das andere, Prioritäten verschieben sich permanent. Manch einer leidet unter der hohen Geschwindigkeit oder kommt gleich gar nicht erst mit. Das System erlaubt ihnen dennoch ihren Platz, das System erlaubt Lücken, grobmaschig, wie es ist. Andere schaffen es tatsächlich, kommen zurecht, kommen weiter, dirigieren emsig den Takt. Diese erfolgreichen Triebfedern großer Organisationen kennen Mechanismen und Tools, trotz Zeitverknappung ihre Leistung zu steigern. Dies reicht von simpler Effizienz über absolute Durch-Organisation bis hin zur Selbstaufgabe und Verdrängung innerer Werte. Ein gefährlicher Weg, der in letzter Konsequenz zu totaler Erschöpfung führt. Denn wer wird immer die neue, zusätzliche Arbeit bekommen? Der Engagierte natürlich, der Ideenlieferant. Der strukturierte Jede-Arbeit-Schlucker, der Enthusiast, der Ehrgeizige, der Konsequente, der keinen Arbeitshalt kennt. Ja: Diese Menschen sind es, wenige nur, die das System am Laufen halten. Sie optimieren alles, was ihnen zwischen die Finger kommt, ihre Arbeitszeit, ihre Schreibtischorganisation, ihre Prozesse, ihr Privates, ihr Essen, ihren Schlaf, ihre Planung, ihre Manöver, Unmögliches möglich zu machen, ihre Umsetzung jeglicher Notwendigkeit. Im Dunkel der ständigen Selbstausbeutung machen sie hochkonzentriert einsatzbereit gründlich überlegt alles gleichzeitig parallel vernetzt ineinander-verwoben und hieven auf diese Weise Tag für Tag einen unfassbaren Workload ans Ziel.

Irgendwann geht ihnen die Luft aus. Sie machen dennoch weiter. Irgendwann wollen sie nicht mehr. Sie können nicht aufhören. Irgendwann rennen sie am Stand. Sie fürchten den Abgrund, das schwarze Loch. Sie rudern hastig weiter, um nicht das Gleichgewicht zu verlieren. Irgendwann werden sie krank. Oder sie versuchen, sich im laufenden System dagegenzustemmen, gegen Druck, gegen Erwartungen, gegen Zeitdiebe, gegen Aufgabenmultiplikation, gegen subtile Erpressung, gegen ihren Drang zu gefallen, auch gegen das System selbst – die meisten scheitern daran. Oder sie steigen aus. Gehen weg. Verlassen den Konzern, das Spinnennetz, die Groß-Organisation, das Gefüge von Macht. Luft. Luft. Luft. Luft. Endlich Luft.

Und manchen dieser Menschen gelingt tatsächlich der Sprung in eine konträr getaktete Welt. Sie finden ein Betätigungsfeld, wo die Uhren noch langsamer ticken, wo die Kultur noch den einzelnen Menschen erkennt. Dies erscheint besonders einem leidgeprüften Konzernmitglied attraktiv, das den enormen Druck im Sandwich-Management einer Zahlenwelt ausgehalten hat. Zu viele Aufgaben. Zu wenig Personal. Zu viele konträre Vorgaben. Zu wenig Transparenz. In einem solch straffen System wurde dem Manager höchste Konzentration abverlangt. Im neuen Umfeld atmet er zunächst einmal erleichtert auf: Keine Geschwindigkeit, kein übersteigerter Druck. Sein neues Team arbeitet in den Tag hinein, plaudert, lacht, ist trotzdem bemüht.

Der eine, der Manager, fühlt sich endlich wieder selbstbestimmt und innerlich frei, nach eigener Vorstellung handeln zu können. Und die anderen, seine Mitarbeiter*innen, werden bei guter Führung wohl bald jenen Funken spüren, der sie zu gewillter Leistungsbereitschaft entflammt. So mancher im Team wird dieser neuen Spur folgen, da er sich Weiterentwicklung und neue Impulse verspricht. Dieser Mitarbeiter fühlt sich zu effizientem Handeln berufen, ist strukturiert und gewillt, mehr zu leisten als gewohnt, eine größere Herausforderung anzunehmen. Und der Manager ist da wohl höchst erfreut, kann er dieses neue Potenzial ja unterstützen und auch zum Gelingen anderer Ziele lenken. Der engagierte Enthusiast lernt schnell und agiert nach den frisch erlernten Methoden, erfüllt vom positiven

Effekt seines Tuns. Die Führungskraft fördert und fordert ihn, die Arbeit läuft bestens, plötzlich zahlreich sichtbar gewordene Ergebnisse schenken Motivation und neuen Elan. Die Leitung der Organisation staunt und honoriert, was offensichtlich alles möglich ist. Stolz steht der Manager im Zentrum seiner rasch erstarkten Reputation.

Plötzlich jedoch erstarrt er. In seinem Inneren ist soeben eine Tür zugefallen. Ein Schloss rastet ein. Ein Schalter wird umgelegt. Welch schauriges Gefühl.

Im eben noch ausgekosteten Erfolgsgefühl versinkt der Macher erschrocken im Déjà-vu. Er erkennt den Mechanismus wieder, der ihn erneut eingeholt hat: Sein bester Mitarbeiter hat seine Zeit voll im Griff, ist hervorragend organisiert, handelt stets strukturiert und vernetzt ineinander verwoben und hievt jeden Tag einen größeren Workload ans Ziel. Und irgendwann wird ihm die Luft ausgehen. Ein verheerendes Schicksal – schon so oft erprobt –

In dieser Situation wird der Manager innehalten, der selbst solch prägenden Weg durchlaufen hat. Vor seinen Augen spult sich die Wiederholung seiner vergangenen persönlichen Belastungsprobe ab. Diese Erkenntnis, so fatal sie in jener Schrecksekunde auch wirkt, hat schon im nächsten Augenblick doch einen weitreichenden Sinn: Es gilt, neue Maßstäbe zu setzen, bessere Wege zum Gleichgewicht zu finden, damit die Spirale der Ausbeutung sich gar nicht erst zu drehen beginnt. Das freiwillige, hochmotivierte Engagement eines Menschen muss nicht zwangsläufig zu unerträglicher Überlastung führen, sondern mag langatmig auf einer schöpferischen Leistungswelle tanzen, auf der jedes Individuum für sich persönlich sein Potenzial entdeckt.

Auf diesem Grat balancieren zu können, zwischen dem Abgrund der Lethargie und dem Abgrund der Arbeitssucht, wäre eine kostbare Kunst. Seine persönlichen Grenzen zu kennen und die Fähigkeit zu erlernen, diese klar sichtbar zu machen, sie leben zu dürfen und einzufordern, würde in jedem Organisations-Umfeld den Geschäftserfolg ganz automatisch sichern, solange der Mensch ein Mensch bleiben kann. Denn jeder will handeln und handelt auch. Nur Maschinen roboten gnadenlos ins Ziel, ohne Rücksicht auf Kraftreserven – oder besser: Ihren Akkustand – ohne Rücksicht, wer auf der Strecke bleibt. Anders dort, wo der Mensch seinen Rhythmus bestimmt. Dort werden individuelle Methoden gelebt. Wo ein Zuviel existiert, wird neu abgewogen und der weitere Weg angepasst. Menschen können das, Roboter nicht.

ER

Zynismus und Gift schwappen dir entgegen. Jener Chef, der dich vor Jahren angeworben, der dir einen Job als Abteilungsleiter angeboten hat, der dich fordert in seiner militanten Art, der dich empor zwingen will, dich drängt und bedrängt, dessen Vertrauen und Erwartungen dich mittlerweile würgen, speit schon wieder gellende Worte aus, dich beschämend und kompromittierend, die dich zu bezwingen und zu brechen suchen. Wieso kannst du da nicht erkennen, dass du ihm zu stark geworden bist, zu stark in deinen Werten und zu mächtig in deinem Tun? Spürst du nicht, dass er es nicht ertragen kann, dich auf gleicher Augenhöhe zu wähnen, dass ihn das aus seinem Gleichgewicht kippt? Begreifst du nicht, dass er sich bedroht fühlt von dir und dir dein Weiterwachsen nicht ungeschoren zugestehen kann? Nein, du erkennst es noch nicht. Und auch sein Selbstbild erkennt nicht sein eigen Motiv.

Wieder stülpt er seine unfairen Vorwürfe über dich, prügelt mental deinen Selbstwert herunter, sucht er dich klein und mundtot zu machen. Die Ungerechtigkeit seines barschen Tadelns, die Schärfe seiner verletzend zynischen Attacke, die Gemeinheit seines Grinsens, die Boshaftigkeit seines Messens mit ungleichem Maß, all das erkennst du wohl mit Scharfsinn und doch nützt es dir nichts. Zu oft erlebt, zu oft zutiefst verwundet, reagierst du auch jetzt betroffen und verletzt. Schwer gedemütigt, wie schon all die anderen Male, suchst du im Schweigen den Zorn hinunterzuschlucken, an dem du zuletzt wohl erstickst. Ja, schon ungezählte Male erlebt. Ein Zorn, den du nie wagst, ihm entgegenzuschleudern, jetzt nicht und auch in Zukunft niemals. Aus Angst vor einem Verstoß, womit das Arbeiten mit ihm dann gänzlich verunmöglicht wird. Um alles auf der Welt gilt es, sein Wohlwollen zu bewahren. Denkst du. Denn dieses zu verlieren, bedeutet eisiges Exil in seinem Team, bedeutet, von ihm abgekanzelt und geschunden zu sein. Denkst du.

Damals, als er dir den Job anbot, forderte er Loyalität als höchstes Gebot. Du lebst eine tief verankerte Treue, die du jedoch nach Jahren als Gehorsam entlarven wirst, als erzwungenen Gehorsam, den er ohne Widerrede abverlangt, streng und drohend, zuweilen erniedrigend mittels lautem Gebrüll. Die Beklemmung, die er schürt, verleiht ihm eine furchteinflößende Macht. Der niemand standhalten kann. Der niemand entgegenzutreten wagt. Deine Kollegen nicht, seine Kollegen nicht. Auch du nicht, auch du nicht mehr. Jene Loyalität also, die er dir bei seinem Angebot schon abverlangt hat, unterstreicht er da mit einem sprechenden Bild:

Er stellt die Streichholz-Schachtel auf ihre schmalste Seite und sagt: „Wer mir gegenüber nicht loyal ist, dem passiert dies" – und mit Daumen- und Mittelfinger schnippt er das Schächtelchen schwungvoll vom Tisch. Dieses Bild sollst du nie mehr vergessen. Und während er dich heute wieder einmal scharf und böse heruntermacht, spürst du, wie du weggeschnippt wirst, du als Mensch, du als sein Mitarbeiter, du als sein Leibeigentum, du mit deiner unterwürfig und stur beibehaltenen Loyalität, die er missbraucht, verachtet gar und dich darob mit scharfen Worten niederschlägt. Du verhältst dich, wie er dich haben will: Bereit, seine ungerechtfertigten, rhetorischen Ohrfeigen hinzunehmen, bereit, ihn in seiner selbstgerechten Herrschersuppe sich aalen zu lassen, bereit zu schlucken. Schmeckt nach schlechtem Fisch, dieses Gebräu. Und dennoch: Getrieben von der Angst vor Demütigung und Rufmord erträgst du, erträgt ihr alle seine Kasernen-Züchtigung im Büro.

Erneut durchdrungen von Enttäuschung und Hilflosigkeit erstarrst du zur Salzsäule, wieder einmal. Um am Abend in der Stadthalle dann zusammenzubrechen und auszukotzen dieses Nervengift.

WIR

Mit innerer Freiheit begann ich einst dort. Erst elf Jahre später koste ich wieder aus: Selbstbestimmung und Begeisterung. Zurückgewonnen im Akt der Befreiung.

Und dazwischen? Eine Pause-Taste unterbrach den Lebensimpuls. Motivation – eingesperrt sein im Ghetto. Bereitwilligkeit – Hamsterrad und Druck von oben. Offenheit – Redeverbot bis mundtot gemacht. Arbeitswille – Forderung und Entbehrung. Methodik-Talent – sinnloser Aktionismus. Begeisterung – die eigenen Kräfte hinaus gestülpt. Mutiges Standing – Enttäuschung und Aggression. Der übelgelaunte Wertekonflikt.

Genug. Es war endlich genug! Wir wagten zu gehen. Hinaus getraut, die Freiheit wiedergefunden.

Gib mich frei, *Yonder*. Mit geballter Resonanz schaue ich zurück zu jenen dort drüben.

Der Autor

Kim Impala stammt aus dem deutschsprachigen Raum, war mehr als eine Dekade in einem internationalen Konzern tätig und befasst sich seit jeher eingehend mit Soziologie und den Auswirkungen menschlicher Verhaltensmuster.

„Yonder-Diskurs" wird als dritte Publikation veröffentlicht.

novum VERLAG FÜR NEUAUTOREN

Der Verlag

*Wer aufhört
besser zu werden,
hat aufgehört
gut zu sein!*

Basierend auf diesem Motto ist es dem novum Verlag
ein Anliegen, neue Manuskripte aufzuspüren, zu ver-
öffentlichen und deren Autoren langfristig zu fördern.
Mittlerweile gilt der 1997 gegründete und mehrfach
prämierte Verlag als Spezialist für Neuautoren in
Deutschland, Österreich und der Schweiz.

**Für jedes neue Manuskript wird innerhalb we-
niger Wochen eine kostenfreie, unverbindliche
Lektorats-Prüfung erstellt.**

Weitere Informationen zum Verlag und
seinen Büchern finden Sie im Internet unter:

w w w . n o v u m v e r l a g . c o m